U0041268

A BULL
IN CHINA

**Investing Profitably in The World's
Greatest Market**

by JIM ROGERS

A Bull in China
by Jim Rogers
A Big Book/April 2008

A Bull in China © 2007 by Jim Rogers
This translation published by arrangement with Random House, an imprint of
Random House Publishing Group, a division of Random House, Inc.
Complex Chinese Copyright © 2008 by China Times Publishing Company

ISBN 978-957-13-4821-6   Chinese Language Edition

Big Books are published by China Times Publishing Company, an affiliate of China Times Daily.
China Times Publishing Company, 6th Fl., 240, Hoping West Road Sec. 3, Taipei, Taiwan.

PRINTED IN TAIWAN

中國很牛

Money 都講普通話

作者—**吉姆‧羅傑斯**

譯者—**王柏鴻**

BIG (Business, Idea & Growth) 系列希望與讀者共享的是：
●商業社會的動感●工作與生活的創意與突破●成長與成熟的借鏡

無欲速，無見小利。欲速則不達；見小利則大事不成。

——〈論語·子路篇〉

革命不是請客吃飯。

——毛澤東

中國很牛 目錄

CONTENTS

前言
搭上中國列車

為什麼要投資中國？

我希望你看完本書後，同意中國在未來一個世紀裡，仍然會為勤勉的投資人帶來驚人的機會。

1984年時，我就是這樣對自己說，當時我希望成為第一個騎著摩托車橫貫中國的西方人——甚至是有史以來第一個這樣做的人。那時我身為全球投資基金量子基金的共同創辦人，已經賺足夠多的鈔票，坐在曼哈頓的雙拼豪宅裡，算著我分到的收益。但我是個天生愛冒險的資本家，喜歡去看、去聞、去品味實際的東西，比較不喜歡坐在會議室裡看圖表。

我換下三件式西裝，換上安全帽和皮衣。我的終極目標是騎著機車環遊世界，在不斷前進之際，盡量多看各個不斷變化的社會和經濟體。騎著機車向長城進發，了解一

個人數驚人的傑出民族，似是逃離華爾街壓力的最好方法。

最後，我在各個辦公廳流轉，取得中國人規定的各式各樣許可，所花的時間比我騎上3,000英里，從濱海的上海到喀喇崑崙公路，進入鄰國巴基斯坦所花的時間還多。我猜我很可能拿到了所有的官方文件，因為從來沒有人敢要求做這麼奇怪的事。

這樣長途奔馳可不是在茶館裡緩緩行走，道路變成泥沙，或是被洪水沖垮，繞路的路標讓我看了不知道該怎麼走。岩石撞壞了我的車輪，但是當時零件非常稀少，就連像樣的中餐廳也一般少，不過我碰上的野宴都很美味。車子騎太久，我的脖子痠痛，某個小鎮的中醫就把我當成第一隻西方實驗天竺鼠，在我身上用金針刺穴。我被交通警察攔下來的次數，比必必鳥（Road Runner，又名走鵑、跑路鳥，迪士尼卡通中那隻跑得飛快的鳥）要安全穿越都是新手駕駛開車的國家，遭到攔下的次數還多。有一次，我的車就在一座最高機密軍事基地前用完了油。請人民解放軍給一點點備用的油很難，但他們最後還是幫忙我，讓我重新上路。然而，到了某個小鎮公園旁新開的迪斯可裡，有一個年輕、客氣的中國男性請我當舞伴，一起跳狐步舞時，我一句話都說不出來。當時很少中國人說英文，

當地人也不知道該怎麼對待黃頭髮的「洋鬼子」，不知道怎麼應付我這個來自阿拉巴馬州，膝蓋上沒有放著斑鳩琴，卻滿面戈壁塵沙的人。

但是我勇氣十足，後來又橫貫中國兩次，一次是在1990年騎著機車，九年後又開著訂製的賓士車再來一次，這一次是我為了慶祝千禧年，從事史無前例的三年環球之旅，行經15.2萬英里旅程中的一部分。每次我回到中國的土地上，都覺得好像到了一個全新的國家。最後我發現，我對快速變化的中華人民共和國所有的假設完全錯誤。我認為中國人和我是兩個徹底的極端：一邊是急性子的個人主義分子，喜歡嘗試開闊道路上的自由，擁護不受限制的市場；另一邊是集體思考、由國家控制、主張無神論的共產黨徒。

最後這個想法終於壽終正寢。因為在某次旅程中最初幾個晚上中的一夜，我住進回疆一家旅社，看到大廳上掛著一條橫幅，上面寫著「真主之屋」。此外，我知道，如果治理中國的人願意給我機會，讓我這樣頑固不化的老美交易員到處亂跑，中國一定發生了根本的變化。

我希望我可以說自己到中國去，是為了尋找新創企業或絕佳的雞蛋水餃股，但是我的確告訴大家，說這些人

可能主導一個20年內會蓬勃發展的經濟體。1978年，中國最高領導人鄧小平一聲令下，重新啟動幾十年來遭到戰爭、內亂和共產教條壓制的商業傳統。因此我的旅程讓我有最好的機會，可以實地考察中國開始走的「資本主義道路」。中國股市還沒有開張，但是真正的市場——大家買魚或買絲綢的地方——告訴我農民已經嘗到解除管制和自由企業的果實。西瓜價格在達到適當的供需水準前不斷波動、賣方討價還價的樣子，讓我希望自己能夠買一些西瓜期貨。

中國人突然間要思考自己的前途，規劃怎麼為子女追求更美好的生活，10億人民驚人的潛力和企業精神得到解放。聽到新餐廳主人驕傲地說，發得出員工薪水；或是回到中國，發現某一位農民把儲蓄投資在自己的地毯工廠中，看著在路邊撞球檯賺錢的小孩，進入比較大的企業；或是看到某一位善於併購的農夫買下附近地區的每一座蘋果園，成為「果園大王」時，我一直都忘不了自己當時的興奮之情。更讓人興奮的是，每一個地方的人都重拾千百年來協助中國領導世界貿易、科學與發明的傳統。

我不能說我前進中國的所有經歷讓我變成真正的「中國通」，或許我只有走遍中國的腳。我也不是一聽說中國

有十多億有錢花的顧客，就兩眼發亮、腦袋發昏的人。近在2004年，國有股和過多管制把中國的股價壓得死氣沉沉時，我談到投資時極為悲觀，以至於北京的國家電視台節目把我的談話剪掉。

然而，我憑經驗得到的信念——最後還得到精確、實在的數字證實——促使我邀請你加入獲利更高的旅程，旅程中一定會有難受的顛簸，但是我相信走完全程的人會得到真正的長期利益。事實上，顛簸的路段會提供投資人最多的買進機會，因此越顛簸越好。

你可以說這本書是總結23年經驗，超過15,000英里路程得到的結晶。因此我希望你用這本書，作為在中國投資獲利的道路圖。中國有句話說的好：「欲知前方路，要問過來人。」

我初次看中國城市時，天際線單調而貧乏，點綴了一些蘇聯式的尖塔。到1990年，天際線上充滿了建築吊車（光是上海一地，就占了全球所用建築吊車的一大部分）。近來你看不到這麼多吊車，因為現代強國的基礎已經奠定，現在全世界都樂於了解從中會出現什麼東西，而且中國股市步履蹣跚地走了很多年後，現在也出現同樣的狀況。

將近30年來，中國一直是世界上成長最快的國家，13億人口的儲蓄與投資比率超過35%，外匯存底已經高居世界第一，中國註定會成為人類未來最重要的國家。我會進一步說：就像19世紀是英國的世紀，20世紀是美國的世紀一樣，21世紀將輪到中國當家作主。在我談到任何一檔股票前，能夠告訴你的最好建議，是教你的子女或孫子女中文，中文會變成他們一輩子裡最重要的語言。

看著今天的中國，我發現中國的產業，包括發電、能源、旅遊、媒體、農業、基礎建設、高科技等，有極多的成長空間，我會強調它們最後可能變成最能「對抗衰退」的產業。未來的AT&T、微軟和通用汽車正等著願意放掉舊有偏見、願意投入時間的人去發掘，難怪我說自己是闖進中國這家瓷器店裡的大牛。

後文會詳細解釋各種機制，說明怎麼買進中國不斷擴增的上市公司大軍的股票。我也會評估最便利的方法，以便在上海、深圳、香港、甚至在紐約、在你身邊附近街口的券商營業處所裡，選購最優質便宜貨的方法。表面上，中國有很多交易所，又有重重管理，看來可能讓人覺得害怕。因此我會設法說明中國一開始就讓人困惑的A股和B股，而且我會說明美國存託憑證（American Depositary

Receipt, ADR）之類次要工具的基本事實（美國存託憑證
是外國公司要利用美國市場時常見的方法，也是讓美國
人便於投資中國的方法）。我會解說中國看來令人難以抗
拒、又快速增加的初次公開發行大軍的重點。最重要的
是，我希望把令人害怕的因素減少，確保你拿錢投資時，
鈔票不會在翻譯過程中損失掉。

　　我在書中也會分析中國的經濟狀況，描述推動盈餘成
長與創新發明的動力；我會大略說明影響國內產業與全球
市場的政府重大政策，這些政策寫在中國領導階層制定、
作為國家基本藍圖的最新五年計畫中。我也打算說明只有
中國觀察家可以看出、對個別與機構投資人有利的新興趨
勢。有需要時，我會分析中國在2001年加入的世界貿易
組織架構，在很多情況下，法規的改變、關稅的減讓和對
外國公司加強開放市場的承諾，才剛剛開始影響銀行業、
媒體業與電訊業的競爭。2001年時，有些強硬派警告說，
降低很多貿易障礙會傷害國內經濟，但是現在看來，進出
口規則自由化只是為雙方開拓了更多的業務，刺激中國比
較臃腫產業的創新。

　　我會在便於參考的私房投資檔案「羅傑斯看中國」
裡，介紹跟著新中國一起崛起、令人耳目一新的新企業；

A Bull in China

我也會列出每家公司的上市代碼、獲利與營收趨勢等基本事實以及相關背景資料。有些公司已經是地位穩固的產業龍頭；有些公司才剛剛開始摸索進入新興市場的方法。很多公司的基本面讓人讚歎；大部分公司還有很長的路要走。我舉出的所有公司本意都是要當成例子，而不是特別挑選或推薦的股票。我也會列出在中國擴張業務，因而獲益大增的外國公司，但是這些公司不是我的主題，我希望讓你熟悉一些從來沒有聽過名字的企業其潛在價值，所有這些公司幾乎都有盈餘很容易成長的特質。

我也會縱觀中國近代史與古代史，從中尋找啟發，了解中國的目標和達成目標的方法前途如何。但是我不會迴避責任，不嚴肅看待可能的陷阱，不管是跟地緣政治緊張情勢還是跟環保威脅有關的陷阱。

本書不是要當成指引昨天穩當的投資、當成讓人看完就丟掉的手冊，我在書裡不會透露個人持有什麼股票，這樣做不光是因為我認為其中有利益衝突，也是因為世界上已經有夠多盲目跟風的人。書裡沒有提出應該由各個投資人自行決定的投資時機與地點，而是告訴你方法和原因，協助你參與中國驚人的成長曲線。

我在前一本書《羅傑斯教你投資熱門商品》中，舉

出很多例子，證明數字不能反映真正的供需，卻保證投資人在大多數人忽略的一整套投資中，會有長達20年的多頭市場。商品正好也是從中國經濟擴張中獲利的好方法，因為中國對每一樣東西的需求，從銅、鎳、黃豆到石油的需求不斷增加，會成為未來歲月中推動世界物價上漲的動力。擁有中國經濟熱潮不可或缺的東西，保證你比較不需要擔心政府、經營階層或退休基金的動向，如果你擁有商品，中國人總是會準時付錢給你。

　　但是我希望在本書裡說明的東西，範圍遠遠超過分享中國前途的眾多選擇。就像我描繪商品市場一樣，我希望指出另一個剛剛開始非常長期漲勢的市場——不管一路上有多少艱難險阻。

　　要是你有一點懷疑，我要說，我的信心不是來自我懷念在路上奔馳的經驗，除非你發了修士的誓言，或是過去十年裡在大岩石底下隱居，否則你很可能已經知道，中國對世界開放帶來了英國工業革命以來最大的經濟榮景。

　　一位看過這一切的中國朋友說：「這個國家實際上是從財務上的最底層扶搖直上。就在經濟改革展開前的1980年，用購買力平價計算，中國的人均國內生產毛額只有410美元，當時美國是12,230美元。第二次世界大戰

後，世界經濟出現了幾十年之久的成長，我們中國人卻跟世界徹底隔絕，我們關起門來，打算建立社會主義天堂。沒有私有財產權，一切都屬於國家；沒有自由企業，一切都由中央控制；沒有競爭，食物、衣服甚至食用油都要配給，通常都勉強只夠繼續活下去；沒有服務業，因為你應該總是為人民服務，不該讓別人為你服務；換工作、職業、老闆，或是開創任何新事物都不可能，因為你的地位從你出生時就決定了。沒有資本市場，因為資本被打成罪惡之源。這就是為什麼我們一輩子裡，沒有一次躍進像這一次這麼讓我們震驚。」

從1980年代之初開始，中國經濟產值平均每年成長9%，大概每隔十年增加一倍，而且沒有多少停頓的跡象。

如果預測正確，中國會在20到30年內，超越美國，變成世界最大的經濟體。此外，中國在2006年吸引了將近700億美元的外國直接投資，加上貿易剩餘，已經使北京的外匯存底超過1.3兆美元，高居世界第一。中國的耐久財製造業基礎在十年內，成長了100倍，令人震驚。

但是所有這些龐大的數字只是起點而已。稻田裡蓋起嶄新的辦公大樓和工廠，意義遠不如中國在公民與道德、

國際意識與創造成就的機會方面難以衡量的進步。都會地區的人見面時，不再像過去一樣問：「吃飽了沒？」而是改問：「今天上網了沒？」中國的經理人、工程師、藝術家、運動員與設計師已經領導全世界，走向「中國人的世紀」。

現在的中國讓我覺得很像19世紀末葉的美國，當時美國剛剛結束內戰和政治動盪，踏上世界舞台。那時是所謂的「強盜大亨」（robber baron）時代，芝加哥之類的新都市勃然興起，電話和電燈泡之類的重要科技剛剛發明，標準石油公司（Standard Oil）之類的大型國際公司才出現。那時是擴張和企業不受限制的時代，是重要產業形成的時代，也是很多問題嚇壞投資人的時代：許多總統遭到暗殺、種族暴亂、勞工不安與內鬥激烈、沒有什麼人權，卻有幾次經濟蕭條，政府和企業的行為都很腐敗。中國今天就是這樣：狂亂的東方正好跟狂亂的美國西部對照。想像1908年時，世人對美國的前途多麼不確定；中國今天似乎同樣混亂，同樣充滿挑戰。但是看著1908到2007年間美國的投資方向，讓我對2008年的中國很有信心。事實上，1907年時，美國經濟崩潰，凡事唱反調的人歡天喜地，但是投資人即使在當時的頭部買進，最後都遙遙領先。

　　投奔占優勢的一方、尤其是投奔這種優勢十足的陣營，一向不是我的作風，當我脫離群眾時，通常能做出最好的投資。寫到這裡時，中國股市已經從2005年空頭市場的底部回升，某些類股可能隱隱出現泡沫的意味，我們甚至可能看到激烈的修正，但是我們必須做好準備，迎接將來會有的很多次大好機會。

　　想分潤北京企業的蓬勃發展嗎？想從世界有史以來最大中產階級日增的購買力中獲利嗎？想參與中國消費產品的驚人潛力，還是想投入中國工業產品的出口？想在中國開發都市與不動產的計畫中分一杯羹嗎？或是想幫忙創造中國的第一種美酒？時機開放時，想交易外匯嗎？或許你想投資中國的商品公司，從供需兩方面都獲利，或是投資新近得到政府支持而壯大的農業公司。其中的可能性多得就像這個國家一樣毫無限制。

　　現在是跟中國和中國的一切掛鉤的時候。如果可能，你要去看看，如果你已經爬過偉大的長城，要再回去看看各種重大的變化。即使你在家裡，也可以上太極拳課程，然後研習中醫，看一些描述現代中國生活的好書，看看他們的電影，重點是清楚了解中國人怎麼看世界、怎麼過日子。設法想像中國消費者會怎麼花用辛苦賺來的錢，會把

錢投入什麼地方，好讓錢滾錢。

　　我對中國長期展望的信心堅強之至，因此我請了一位中國籍的奶媽，替我教養2003年出生的小女快樂（Happy），快樂現在已經能夠愉快地說中文。我會像過去建議大家一樣，再度建議各位：出脫美元、教子女學好中文、買進大宗商品。

　　然後你要發揮自己培養出來的經驗和明智的眼光，尋找具有競爭優勢的新興中國品牌。假設你是修車師傅，你很可能很了解汽車和引擎、很了解某種車型或設計突破的相對價值。因此我會建議你評估中國的汽車工業，找到一些你很有信心的東西。如果你是美髮師，或許你對流行品牌或化妝品有特殊的感覺。只要記住一點：你對這些東西的了解，遠遠勝過華爾街的任何營業員。

　　為了引導自己走進中國的寶庫，你必須發揮自己的熱情和主動精神，或許你會找到下一檔上漲幾十年的中國紅籌股。你要自己計算，不要把中國看成跟別的地方不同，要抱著懷疑的態度，堅持你了解的東西。人生中成功的故事都是由想出自己所知道的東西、一心堅持下去、又十分密切注意發展的人創造出來的，只有你才知道你有什麼方法，能夠轉為看好中國的多頭。

　　我要再強調一點：這本書不是熱門明牌名單，甚至不是推薦選股名單，而是我對中國經濟狀況的研究。書中討論的公司可能成功，也可能不成功，只是我認為能夠促使你開始自行研究的一些最奇妙的起點。只要你跟著自己的直覺走，了解數字，你很可能會發現本書裡連提都沒有提到的中國企業和產業。

　　我這一代的人成長時，父母親都警告我們，如果我們在沙子裡一直挖洞，最後會挖到中國。中國正好在地球的另一端，現在還有很多專家，仍然靠著警告大家中國不久前還是美國意識形態敵人的方式賺錢為生。投資人應該小心翼翼，但是對不知道的東西、對外國事物的害怕，不應該成為抑制我們的東西，現在是我們從沙子裡探頭出去的時候了。

　　從我開始規劃第一次中國之旅到現在，世界前進的速度比哈雷機車還快。共黨標語像毛澤東帽一樣過時。甚至在越南，繁榮也取代了戰爭；印度也走出甘地夫人（Indira Gandhi）宣布的「緊急狀態」，放棄孤立。在不到我半輩子的時間裡，30億亞洲人變成世界經濟的一環。從財務觀點來看，重心移動得甚至更厲害，2002年內，世界25件金額最大的初次公開發行案中，有23件是在華

爾街進行，到了 2006 年，降到只剩下一件。

　　有時候，擁抱顯而易見的事情最難的地方是改變心態，多年以來，大家一直密切觀察中國的指標，但是在中國之外，很少人真正願意接受一種客觀的長期觀點，不能拋棄用安逸、固定、以美國為中心的方式，觀察世界大勢。至少投資人可以靠著分散投資，得到迫切需要的保障，以免受到將來美國衰微的傷害，就像我一樣，把自己的資金投入 28 個外國市場。或許大家應該聽聽孔夫子明智的說法，他在 2,500 年前就警告過：「人無遠慮，必有近憂。」

　　就像我談到商品市場一樣，我促請所有美國人正視迫在眉睫的事實。中國不可能比最近的海灘球或地毯還近，如果你仍然需要證據，看看你家裡現在用的東西，從電子設備到衣服、書籍和玩具，看看有多少樣東西上面寫著「中國製造」。

　　你為什麼不從中得到一點好處？我要再舉中國的另一句古老諺語，告訴你：「你得一天曬網，一天打魚。」

　　現在是你把魚網準備好的時候了。

　　我想用一點警告的話，結束這篇前言。寫到這裡時，中國政府還繼續面對泡沫的問題，近期內會有什麼變化並

不確定。股價或許會下跌，形成軟著陸，為大家帶來中期的機會。然而，如果中國形成完整的泡沫，我建議大家保持警戒一段期間，研讀本書，盡量多了解中國市場，做好大勢見底時採取行動的準備，幸運會跟著做好準備的人！

第一章
從毛澤東帽到小型股

中國有兩個股市,如果你把香港算進去,就有三個;至少有五種股票,還沒有算上美國存託憑證和各種基金;你可以在中國境外購買的股票在中國境內不能買,還有價值不同、又在不同交易所掛牌的股票。分享中國的繁榮像跟中國有關的大部分事情一樣,比應有的情況複雜多了,卻比從遠處觀察又簡單得多。而且對於透過美國證券商、國際銀行與網路交易的投資人來說,程序變得越來越簡單。因此不要讓細節嚇壞了你:不管公司在什麼地方掛牌,股票就是股票、只要是穩健的公司就值得投資。但是在你決定怎麼投資前,我們先回顧一下中國的交易所過去的形成方式,以及未來可能的走向。

中國重開股市

忘掉熊貓、忘掉黃金寶塔！1988年我第三次遊歷中國時，最希望親眼見到的中國景點，是最近由中國工商銀行設立的小小交易櫃檯。這個櫃檯其實還不是股市，沒有證券代碼或營業員，交易的少數股票實際上要靠事前約定，才能進行交易——1986年底這個櫃檯開張時，每天只交易30筆，代表兩家公司，根本不能算是多大的成交量。上海雖然一度是亞洲最富裕的交易所，這時卻還要再過兩年，才能適當地重新開張。但是在我看來，這間毫不起眼、座落在馬路旁沒有鋪柏油路、兩邊排滿水管的小巷裡，一棟小小建築物中的辦公室，卻比世界上所有快速的電子指示代碼，還更鮮明、更實在地顯示資本主義的運作狀況。這裡是貨真價實的「櫃檯」買賣，事實上，是在獨一無二的一個雜亂櫃檯上交易。

政府官員無意間跟我提起這個地方，我找到這裡後，忍不住要跟幾位勇敢的投資人一樣，準備買印在實際的紙張上、像我中學畢業證書一樣超大的股票。這裡沒有什麼東西是「虛擬的」。我在翻譯員的協助下，跟少數幾位還記得1949年前舊交易所盛況、老臉上因此增加少許興奮

之情的老先生一起排隊，我試著把委託單，從開放的櫃檯
上，遞給一位幾乎快要昏倒的可憐小姐，她似乎不敢接我
的鈔票——我的錢跟大家的錢一樣，是貨真價實的中國鈔
票——還得跟上司商量，因為我是現身在她面前的第一個
「洋鬼子」。即使她勉強笑著完成交易，股票本身和很多
張像捕蠅紙一樣脆弱、撕開來的收據，還必須四處遞送，
蓋上很多「官章」。接著又要在桌上的算盤珠子上撥了又
撥，算了又算，逼得我得告訴他們，快點完成交易，以免
我買的股票價格上漲。

　　但是一切完成後，我深感驕傲，對我這樣的老牌投
資人而言，持有一張象徵中國自由市場試驗勃然興起的股
票，遠比學著用筷子興奮多了。「祝我們大家一起發財！」
我在真正的上海證券交易所開張前兩年，對這位女職員這
樣說，她眼中的光芒顯示她可能聽懂了。

　　我希望我可以宣稱，現在這家不知名銀行的一股在
上海價值連城，我不知道是否如此，也不想知道。我把這
張股票裝框裱好，掛在我家牆上，總有一天，這張股票變
成古董後，價值會比股票還高。無論如何，我絕對不會
把這張股票賣掉，因為他們告訴我，我是第一個去那裡買
股票的外國人。但是我可以跟你保證，中國在股票交易

所的「試驗」確實成就斐然。股票交易所開張後的頭12年裡，上市公司從12家，增加到將近1,400家，投資人從40萬人，增加到將近6,700萬人——何況這還是2005年底一切真正開始起飛前的數字！從1991到2005年間，企業在兩大交易所中籌募的資金超過1,500億美元。到2006年9月，兩大交易所一共有1,377家公司掛牌，總市值高達4,000億美元。

上海證券交易所雖然因為政策不連貫，浪費了幾年時間，反映經驗不足，也反映大家對市場機制沒有信心，但是跟深圳證券交易所一起建立的上證已經成為亞洲資本額第二大的交易所，總市值超過5,000億美元，即將恢復第二次世界大戰前光榮的地位。

實際上，很久、很久以前，中國人就是資本主義分子。如果說，資本主義制度是中國人不能宣稱中國人發明的少數幾樣東西，中國的民間企業家卻確實充分實施了資本主義，假以時日，甚至可能把資本主義變得更完美。即使到了清朝末年，中國在年老的慈禧太后領導的老人封建統治下，遭到列強侵略，仍然有一些中國公司開始公開發行股票，籌募擴張業務所需要的資金。1860年代末期，證券交易市場在上海設立，包括香港上海匯豐銀行

（HSBC，今天眾所周知的匯豐集團）在內，一共有13家公司，在1866年6月一份報紙的「證券與股票」版出現。（紐約證券交易所1792年開張時，規模也很小。）

　　第一家證券交易公司早在1882年，就在上海設立。1891年礦業股大好期間，歐洲和美國企業家成立了中國的第一家證券交易所上海股份公所，協助外國人在蓬勃發展的上海國際租界交易股票。到1914年，國民政府通過第一項跟證券有關的法律。北方的天津和北京也設立了不少小小的交易櫃檯，但是上海的主要交易所從1920年開始，取得領導地位，蓬勃發展到30年代，設有英國、法國和美國租界的上海在狂熱中，發展到最高峰，成為「東方巴黎」。1937年，因為日軍的轟炸和占領，所有投資和投機狂潮灰飛煙滅。1949年共產黨建立政權前後的混亂歲月裡，有些小型的交易所努力推動交易，隨後30年的集體化和經濟控制歲月中，凡是跟持股或交易有關的東西，完全消失不見，毛澤東無所不在的國家掌控了一切。

　　瘋狂的文化大革命期間，中國人會因為閱讀西方小說，或是知道怎麼彈鋼琴，而遭到處決。你能夠想像有人因為持有一股IBM，為了悔過和贖罪，挖了多少爛泥嗎？要是有人喃喃自語，說到證券商或新股上市之類可怕的事

情（要是中國有人聽過這些東西），被人聽到，就得接受幾年的勞改。但是到1977年7月，就在造成中國更窮、更孤立的十年動盪結束後一年，遭到軟禁的前副總理兼紅軍將領鄧小平復出，恢復所有黨內職位，很快地就在全國推動務實改革的路線。

鄧小平可以清楚地看出，共產制度在世界各地的推行都已經失敗，快速看看1980年代的世界大勢，可以證實容許競爭、接受低關稅原料與中間產品進口，利用合乎實際的匯率鼓勵出口的國家，表現都很優異，亞洲四小龍南韓、台灣、香港和新加坡啟發鄧小平說出「不管白貓黑貓，會捉老鼠就是好貓」的至理名言。資本主義正好是這隻貓，繁榮是它的獵物。同時，中國要重建和擴大基礎，需要的東西遠超過政府所能提供，鄧小平後來在1992年南巡講話時公開說道：「證券、股市，這些東西究竟好不好，有沒有危險，是不是資本主義獨有的東西，社會主義能不能用？允許看，但要堅決地試。看對了，搞一兩年對了，放開；錯了，糾正，關了就是了。關，也可以快關，也可以慢關，也可以留一點尾巴。」

有些人希望立刻去做，尤其是在鄧小平容許農民解除對公社的義務，出售小量的收成，以便賺錢改善設備之後

更是如此。這時是1984年，也是我第一次遊歷中國那一年，我敢說，除了舊毛澤東帽之外，我沒有看到多少東西在交易。幾年前，有些工廠和百貨公司開始用舊式的方法籌募資本，測試上級所能容忍的極限。到1986年，鄧小平實際上在人民大會堂歡迎紐約證券交易所的領導人！他原來的計畫是要在深圳試驗發行股票，因為他幾乎已經把新制度的每一個層面都試驗完畢。這個位在中國南方、和香港交界的農村因為設立第一個「經濟特區」，已經壯大成擁有600萬人口的繁榮城市。1987年12月28日，由最初的6家農村信用社組成，深圳發展銀行宣告成立。1988年該行被允許售出50萬普通股，使得它很快就成功地募集到幾百萬美元和幾百萬港元。

但是從19世紀中葉以來，中國對西方開放的最大窗口上海的地位不容否認。上海證交所在1990年12月成立，正是政府為了打壓通貨膨脹，緊縮貨幣供給，大家需要設法籌募資金時成立。幾千、幾萬人排了幾天幾夜的隊，要買股票，但是掛牌上市的公司只有八家。已經開始交易的深圳證交所要到半年後，才正式開幕。一直到今天，兩家證交所都宣稱自己最先開張。兩家交易所都由臨時性的股票發行與交易規則規範，都是1989年臨時拼

湊、由中國人從海外交易所規則翻譯過來的。

不過是幾年前，我才看過上海證交所草創時寒酸的樣子。第一次看到現在的上證，讓我深感震撼。上證現在設在摩天大樓林立、好比未來城市的浦東，隔著黃浦江，跟舊上海遙遙相對。我在這裡立刻發現中國的市場如何學習現有市場的優點，又超越所有市場，大步躍進到未來。這裡不像紐約「落後的」鄉村式證交所，沒有交易員滿場奔跑那種雜亂和麻煩，沒有手勢或紙片，完全是電子交易，速度快多了，也比較有效率。別忘了，紐約證券交易所大樓是在1903年蓋的，中國的交易所是在1990年蓋的。回國服務的中國留學生王波明利用影響力強大的報告，促使中國領導人採取這麼重大的行動，走向資本主義，他曾經在華爾街證券交易所工作過五年。

主管機關開始時，嚴格控制什麼公司可以掛牌上市，主要目標放在協助大型國有企業在著名的香港和紐約證交所初次公開發行股票，主管官員不太了解自由市場所需要的責任。令人驚訝的是，1994年前，中國沒有規範公司的法律，1999年前，也就是股市開張九年後，中國才制定規範證券的法律。雖然監督不足，個別股票投資人的數字卻在1994年底，超過1,000萬人。

　　繁榮之路一向都不會沒有顛簸和挫折。一開始時，看來市場不可能會碰到挫折，從1991年開始，上海證券交易所指數花不到一年時間，就從100點漲到250點，然後在1992年第一季，高漲到1,200點。到1992年中，50到100倍的本益比變成上海證交所的標準，有些「熱門股」的本益比甚至更高。

　　到1992年6月，上海股市在五個月內，暴跌超過60%，觸底後幾天內，多頭市場重新來臨，大盤指數只花了三個月時間，就從400點漲到1,600點的空前新高。然而，到1994年中，指數又回挫到400點，從1993到2001年間，上海股市經歷了20次月跌幅超過10%的小股災。

　　股市開張的第一個十年裡，成長似乎很驚人，卻只是幻象。上市公司燒光從頗獲好評的初次公開發行中得到的現金。美林（Merrill Lynch）之類的投資銀行紛紛進場，捧著千百萬美元的鈔票，向上市公司高喊「我們要投資！」中國人根本不是傻瓜，認為這樣很好，接下了錢，拿去買勞力士和法拉利。中國政府支持的中信集團籌募了數十億美元的資金，發展中國迫切需要的基礎建設，包括機場、收費道路、海港，尤其是興建發電廠。但是中信集團犯了銀行老掉牙的錯誤，借短貸長，到了1999年，有

些公司因此破產，必須靠政府紓困，進一步傷害了中國商業界的信譽。到2001至2002年間，新創的證券業也因為捲入弊案，顯得有點分崩離析，就像歷史上的每一個投資市場一樣，一定有人搶在不知情的大眾之前，利用事先得到的消息獲利，這種行為歷史悠久，不只是中國才有的問題。

在這段期間裡，我已經開始在中國撿便宜貨。例如1999年5月，外國人可以買的B股聲名掃地，從高峰下跌85%，這麼大的差距確實刺激了我的胃口，我買了不少。但是後來一直到2005年下半年，我都避開B股市場。

我知道中國的投資機制遠遠落在驚人的經濟發展速度之後，主要原因是投資機制由搖搖欲墜的國營企業主宰，這種企業沒有明顯的價值和股東權利，也沒有透明的會計。世界上每一個股市當然都有非流通股，例如公司的交叉持股、政府擁有的股票和私人的控股。全世界的股票中，大約有14%是非流通股，2002年時，中國上市公司總市值中，有70%屬於非流通股，所有上市公司中，只有11%完全不受政府控制。

怎麼減少這種累贅、怎麼用對其他股東公平的方式達成任務，一直是重大問題。任何市場要是碰到流通股票

爆炸性增加，都可能崩盤。亞太地區第一檔股票指數型基金（ETF）香港盈富基金（Tracker Fund of Hong Kong）成立之初，是要作為香港政府的工具，出脫1998年金融風暴期間港府為了維持市場穩定而買進的股票。盈富基金1999年11月成立後的每一季，港府在市場上釋出這些股票時，香港股市都下跌。

2001年，中國政府宣布一個有問題的國有股減持計畫，立刻造成股價暴跌45%。每次一傳出——接著又放棄——新計畫，說明政府打算釋出的這股新股洪流要怎麼重新計算價值，市場上的懷疑和焦慮就增加。因此2001到2004年間，中國兩大交易所上市公司的流通股交易量下跌將近30%。難怪雖然當時中國經濟飛躍成長，股票卻死氣沉沉。上市股票代表的總市值很高，卻有太多減持計畫不確定的股票壓著股市。

2004年我到中國訪問時，成為中央電視台財經節目《對話》的特別來賓，我沒有像節目主持人預期的那樣，針對從2001年以來已經死氣沉沉、又十分悲觀的股市，發表樂觀的看法，卻預測中國的兩個交易所會進一步下跌一年左右。前面我說過，很多同時接受訪問的來賓很生氣，我後來聽說，製作群延後播出這段談話。不過到了最

後，股市像我預測的一樣下跌、又出現回升的跡象後，他們還是播出了我的談話。

在那次中國之行中，我透過閉路電視，對上海商學院的學生發表演講，我說出類似悲觀的話後，和一位教授激辯，這位教授指責我想憑著一己之力，操縱中國市場。這點顯示他對投資相當無知，更不清楚一位投資人擁有多少力量。但是這種反應並非中國人獨有，也不是什麼邪惡宣傳機器製造的特殊副產品。我對市場的看法經常與眾不同，也很習慣營業員、分析師和市場主管官員的懷疑和怒火，畢竟他們都有既得利益，必須樂觀，而且必須把這種樂觀像肥皂一樣賣給顧客。中國另有一句俗語說：「賣瓜的不會說瓜苦，賣酒的不會說酒薄。」在他們的字典裡，市場總是應該上漲。

連市場經理人和政府官員都發表絕望的談話時，我覺得情勢不可能再變得多壞了。2005年秋天，中國政府終於介入，推出決定性的改革後，我開始翻空做多，最重要的改革是一項新規定，要求國家持有大量股權的公司必須加發公司股票，補償一般股東，這時我再度開始買進。

到2006年中，國家持有的股票降到50%以下，和2002年1月國家持有78%的股票相比，的確是驚人的進

展，慎重的談判和規定促成了重大進步，政府顯然也按部就班，達成出脫所有非流通股的目標。

股價從2005年夏季開始攀升後，上海證交所指數從大約1,000點，漲到2007年7月的4,000點。但是這樣根本不代表股市已經充分反映了中國民間部門的價值。即使2007年增加了幾百萬的新投資人——代表信心、而不是代表憂慮——市場又經歷一段期間的狂熱後，和整體經濟相比，市場的規模仍然相當小（大約募集了中國成長所需資本的10%）。

最後中國市場可能由專家負責管理，中國證券監理委員會現在全都由精通西方市場與法律的精明經理人負責。每一個市場當然都有自己的問題，中國市場會像任何市場一樣，將來還會出現疏失和錯誤。隨著巨額資金的涉入，一定會有走後門的誘惑和黑箱炒作。

中國賺錢的先知鄧小平形容改革過程時說：「摸著石頭過河。」今天中國幾乎已經度過了懷疑之河。

我第一次到中國時，根本無法想像中國會設立電子交易所，也想不到「洋鬼子」會獲准在中國的進步中，扮演重要的角色。現在經過幾十年的嘗試與犯錯後，自由市場經濟的最高象徵——股票交易所——已經用事實證明，在

創造新財富的過程中，它是促成必要的資本形成與大眾參
與的重要動力。對此，馬克思也不能做出更好的說明。

中國股票的文字障

如果你認為買中國的股票很麻煩，你應該試試1980
年代在中國寄明信片是什麼滋味。長久以來，中國人辦事
絕大多數都需要很多文書作業。這樣做的目標是為了控
制，絕對不能讓什麼事情離開你的監視，失去控制。共產
黨繼續統治的基礎在於，凝聚全國不同的利益與地區，維
持驚人成長所需要的穩定。

但是你要怎麼控制需要一點點失控才能達成目標的自
由市場？你要怎麼為自己的公司募集資本，卻不讓某些錯
誤的利益團體、甚至讓外國利益人買進股權，控制你的公
司？

對中國人來說，答案是「股權分置」制度，它讓中國
公司對國內與外國投資人，發行不同類別的股票。這種妥
協之道不靈活，卻行得通，能夠繼續吸引投資人，又讓政
府的經濟主管部門覺得相當安心。主管機關甚至繼續說著
要建立「有中國特色的社會主義」，因此創造了確確實實

具有中國特色的資本主義股市，利用令人煩惱的層層複雜限制，確保人民共和國的人民先嘗嘗中國企業前途美好的果實。

因此你必須先知道如何破除目前中國股票的文字障：

A股

A股在上海和深圳交易所掛牌，從個人角度而言，A股只有國內投資人可以買賣，A股以不能自由兌換為國際貨幣的人民幣為計量單位。從2002年11月開始，至少持有100億美元管理資產的外國專業投資機構（QFII），如大銀行、基金和證券公司，獲准最多可以買進一家公司股權的10%（仍然以人民幣計算）。專業投資機構對整個股市有影響，卻遲遲才受邀參與盛會，而且是在中國股價長期下跌後，才獲准投資。

本國一般投資人不能買賣A股，A股的主要投資人是大型機構。然而，法令變化快速，B股股東將來可能發現B股可以轉換為A股，因此你必須注意和考慮所有這些股票。中國市場遲早會像美國和其他已開發國家一樣，對所有人開放。

B股

B股是在1990年代中期創設的，當初只限於賣給用外幣購買的外國人。當時中國企業喜歡這種構想，是因為外國人急於在中國投資，願意付出比本國人高的價格購股，因此形成泡沫。最後泡沫破滅，B股跌到等於免費贈送，我便從1999年5月開始買進B股。

2001年時，中國政府同意本國人買賣B股，條件是必須合法開立有外匯帳戶。因此大量資金從海外擁入B股市場，超過四分之三的股票漲停板，觸及為了建立「有秩序市場」而制定的每天上漲10%上限。隨後主管機關變得比較擔心怎麼壓抑股市過熱。

深圳交易所的B股以港元計價，上海交易所的B股以美元計價。一般而言，B股市場因為需求較少，長期表現遠不如A股市場，即使發行公司賦予A股和B股相同的投票權與配股權，仍然如此。從1993到2000年間，A股價格平均比B股高420%。

B股主要還是外國個別投資人的投資標的，很多公司不願意發行B股，很多中國人也不碰B股，因為B股一直帶有一點「外國」味道，這點可能帶來機會，因為很多B

股最終可能和A股市場合併。

H股

　　如果說大部分A股只限於中國投資人和專業外國投資機構買賣，其他人還有一種方便的替代股票可以投資。中國很多最績優的公司過去喜歡在海外上市帶來的名聲和籌資潛力，這點通常意味著去大家都熟悉的香港上市。有時候，公司在境外交易所上市，股票的銷售價格會比在國內掛牌高；有時候，公司只是得到出名的好處。雖然對南非和以色列之類的國家來說，在外國上市是常見的作法，但是中國公司在海外上市的數目仍舊高居世界第一，而這都始於在香港上市。在海外上市的中國股票對所有外國人開放，這些股票當中最大部分是在香港證券交易所掛牌的H股，股價用完全可以自由兌換的港元計算。中國移動、中國聯通（中國聯合通信）、中海油（中國國家海洋石油公司）和聯想，都是香港恆生指數中的重要中國成分股。

　　1997年香港回歸中國，成為特別行政區前，中國頂尖企業──尤其是國有企業──的主要目標是獲准到香港辦理初次公開發行。香港交易所主席和當時的中國副總理朱鎔基幾經磋商後，青島啤酒在1993年成為第一家在

香港上市的公司。很多中國最大的企業，也就是大陸至少持有30%股權的紅籌股迅速跟進。最近中國改變專業國內投資機構（QDII，編注：大陸稱為合格境內機構投資者）計畫（與專業外國投資機構計畫不同），打算准許中國大型銀行與投資機構，把海外投資比率提高到50%，這樣應該會為香港市場帶來更多大買主。中國國家外匯管理局已經宣布試點計畫，容許大陸居民直接投資香港，這樣最後應該會為香港掛牌的股票帶來大量的大陸資本。（編注：該試點計畫俗稱「港股直通車」，然而在大陸政策轉彎之下，截至本書繁體中文版出版為止，大陸央行已暫停施行。2008年3月6日央行行長周小川表示，其實大陸國內對外投資有多種管道與方式，各有利弊，同時適應不同的人群和投資選擇。現在還有很多措施要推出，不一定非要投港股，既然是對外投資，很多市場如日本、倫敦、新加坡，以及其他市場都能投資。他說，不同措施都應該適時適度推出，這個方向不會動搖，主要看國際收支形勢的變化，但並未對「港股直通車」的推出時機明確回應。這也說明了政策變化的不可捉摸，往往影響投資決策至關重要。）

在海外上市也讓中國公司將來有更多可以自由運用的

股票，從事併購。2006年10月，中國建設銀行成為四大國有銀行中，第一家以這種方式在海外上市的銀行，在香港的初次公開發行金額高達92億美元。四大銀行中最大的工商銀行在2006年10月，同時在香港股市和上海股市掛牌，初次公開發行金額高達219億美元，當時是歷來最大的初次公開發行案。

S股

　　S股指的是在新加坡交易所掛牌的中國企業。遠在南洋的新加坡極為富裕，堅決奉行資本主義，人口中絕大部分是華人，和中國總是維持密切的關係。因為新加坡一直積極努力吸引大陸老大哥，到2006年為止，新加坡交易所掛牌的企業中，超過14%是中國公司。此外，新加坡人很富有，比很多國家的投資人更有錢買股票。不少持有中國企業龐大股權的新加坡創業投資基金也在新加坡掛牌，所有S股都像新加坡元一樣，可以自由交易與兌換。

N股與美國存託憑證（ADR）

　　N股指的是直接在紐約證券交易所或那斯達克上市的中國公司。1999年，中華網像新浪網一樣，都到那斯達克

上市。在美國上市一向被認為名聲很好,過去會形成比較高的股價。但是現在亞洲企業往往能把在國內上市的股票價格推得夠高,而且在美國上市費用高多了,因此到美國上市的熱潮暫時消退,將來可能會放慢,因為中國新訂定了法規,鼓勵公司在國內上市。然而,最新的數字顯示,有43家中國企業在那斯達克上市,有22家在紐約證交所上市,但是預測很快會增加到35家。

中國公司還有另一個方法可以在海外上市,就是把在大陸或香港交易所初次公開發行的股票,賣給投資銀行,投資銀行再擔任中間人,以原始上市的持股為基礎,在外國交易所承銷ADR。要從ADR找中國企業很容易,截至2006年為止,一共有33檔中國企業的ADR在那斯達克交易,有16檔在紐約證交所交易。

L股

很多國際交易所樂於吸引中國公司上市,增加業務,提高名聲。2006年下半年,倫敦股票交易所(London Stock Exchange)宣布,要加強吸引中國企業上市。不過倫敦股票交易所也可能受到中國的新法規影響,到目前為止,一共有六家中國企業在倫敦股票交易所上市。但是長

久以來，倫敦比較小的創業板市場（Alternative Investment Market, AIM）都是中國企業喜歡掛牌的地方，目前一共有46家中國企業在這裡上市。

T股（J股）

2007年4月，電視節目指南供應廠商亞洲傳媒（ASIA MEDIA CO.，編注：亦即北京寬視網絡技術公司）在東京證券交易所的創業板上市，成為第一家在日本上市的中國企業。因此，日本可能成為另一個值得關注的地方。

場外櫃檯交易系統（OTCBB）

另外有成千上萬家小公司，一般是雞蛋水餃股〔大陸稱分值股票（penny stocks）〕，不符合那斯達克的上市規定。這些公司獨立進行交易，通常它們的價格每天只在場外櫃檯交易系統（Over-the-Counter Bulletin Board）、有時也稱粉單市場（Pink Sheets）報價一次。美國全國報價局（National Quotation Bureau）為此每天編纂日刊，其中涵蓋全美所有上櫃股票的報價。很多中國股票可以在這個地方交易。

全國證券交易自動報價系統（STAQ）與全國電子交易系統（NET）

除了上海和深圳交易所之外，中國也有全國性的櫃檯交易系統，第一個是叫做全國證券交易自動報價系統的電腦化交易結構，以系統連接的電腦終端機台數計算，這種模仿那斯達克的系統是世界最大的電腦化交易系統。第二種是全國電子交易系統，交易的是中國國庫券（財政公債）和國有企業股票。這兩個系統最終也會向所有投資人開放。

你可以把這一切看成難以想像的競技場，也可以看成是殊途同歸、多此一舉的方法，這種系統有一些奇怪的問題，外國人不准購買一家公司在中國上市的A股，卻可以買這家公司的B股、H股、L股、N股、T股或S股。有趣的是，承擔中國發展中市場風險的是本國投資人，因為他們只能在國內投資，大部分外國人卻有比較多的選擇。這就是大陸出現狂潮時，國內股價遠高於國外相同股票的原因。

一直到幾年前，中國都不准國民把人民幣換成外幣，

國內投資人唯一可以合法取得的外幣是國外親友匯回國的外幣。此外，國內投資人不能買中國很多比較成熟的賺錢公司，因為這些公司在海外交易所上市。即便本國人是這些公司的顧客、供應商、生產商，甚至是這些公司的員工，卻被禁止投資這些公司。

　　過去15年來，上海和深圳交易所發展出各自的特色。現在很多大型國有企業在上海證交所上市，上交所變成希望籌募巨額資金或提高聲望的地方。而在深圳證交所上市的企業比較多為出口導向的公司、合資事業和新創企業，使得深交所變得更像是一個冒險之地。中國政府原先打算把深交所辦成主板市場，以與更為成熟的香港交易所競爭，同時維持密切的關係。香港交易所距離深圳和香港邊境只有半小時地鐵車程。但自1992年以來，上交所變得更具吸引力。

　　中國股市像日本一樣，十分偏重工業部門，有很多製造業導向的公司。根據道瓊全球分類標準（Dow Jones Global Classification Standard），到2005年6月，道瓊中國指數中工業部門大約占20%，遠高於道瓊世界指數11%的比率。其他和製造業有關聯的部門在中國股市中所占的比率也很高，加總起來，大約占總市值的70%，全球同樣部

門所占的比率大約只有36%。

中國移動和中國聯通都只在香港上市和交易，因此香港股市中，電信股所占的比重偏高（2006年為22.6%），中國大陸電信類股所占的比率只有0.2%。同樣的，能源股龍頭中海油和科技股龍頭聯想控股也只在香港上市，扭曲了這兩個類股的比重。然而，隨著新法規施行，加上市場日漸平衡，中國移動的比重已經下降。最新的資料顯示，發行H股的38家中國企業在恆生指數總市值中的比重，只略為超過13%。

同時，政府定出每年新上市公司家數的配額，根據省份和類股選擇合格的公司上市，而且到2001年時，政府甚至決定新股應該在什麼地方上市。（難怪過去經常刻意壓低股價的新股上市時，造成極大的風潮，有些新股一天上漲17倍之多！）中國還沒有完全放棄國家控制，是世界上唯一限制股市規模與上市速度的國家，這是重要新上市股承銷時投資人競相搶奪的原因之一。而且根據中國現行的法律，公司沒有連續三年的獲利不准上市，這種政策遠比美國保守多了。

2005年時，國家證券主管機關實際上完全停止新股上市，希望股票供應減少能夠拉抬當時疲弱市場的需求。

2006年6月，證監會再度開始批准新股上市時，一共有65家公司申請在上海和深圳上市。2006年內，把中國企業申請上市的所有海外股市計算在內，一共有86家公司申請新上市，募集的資本超過430億美元。令人驚異的是，2006年時，A股上市第一天的平均漲幅高達78.27%，2007年頭四個月內，A股上市首日漲幅高達106.9%。聽起來很誘人，但是很多股票當然只有在次級市場才可以買賣。我大致上認為，應該避開熱潮，看看新上市股會不會降溫、什麼時候會降溫。我一向不擅於短期操作，時間的掌握也不是這麼高明，我喜歡等到新股變得比較平凡、甚至遭到完全漠視時才採取行動。

　　持有任何一種股票都沒有特別的優點或缺點，唯一的差別當然是你能不能用比較低的價格，買到相同的股票。股票價格會波動，而且持續波動，例如2007年初，A股大約是B股價格的兩倍，比H股貴三分之一，因此注意這種情況的確有價值。因為中國人只能在國內投資，大陸上的泡沫甚至更大。香港人比較有經驗，也有比較多的投資選擇，而且他們跟大陸同胞不同，看過的泡沫比較多。就像我說的一樣，很多同時在香港和大陸掛牌的股票完全相同，唯一的不同是掛牌的地方不同。在香港上市的股票折

價很大的情形，很可能很快就會消失，同樣的，我們應該
會看到過去在香港上市、股價比較低的中國股票上漲。因
為大陸的資金會到香港、最後會到每一個地方，選購價格
比較便宜的中國股票。

請記住，因為這種分歧的制度，公司的價值跟獲利
沒有明顯的相關性，甚至跟在中國大陸的獲利潛力也不明
顯相關，價值可能受不同類型的投資人、法規和狀況壓低
或抬高。但是不要為此感到沮喪，中國的B股、香港、紐
約、新加坡、倫敦和日本的交易所裡，仍然有很多股票供
各種類型的投資人選擇。

以新革舊

中國的股票法規是官僚機構多年來嘗試與犯錯的結
果，他們可能知道什麼法規對自由市場真的最有利，也可
能不知道。但沒有人會刻意用一堆亂七八糟的法令，管理
交易所，因此法規和股票一定很快就會標準化。

隨著中國經濟發展突飛猛進，今天做的預測可能到
明天早上就過時了。針對改革股市的首要問題——出脫國
有股——幾乎已經解決。消除國有股會使中國的交易所變

成真正的自由市場。這樣不但會提高市場的流動性，也會減少企業經營不當與貪腐的機會，個別股東會要求企業負責，這樣可以使公司的股票價值得到更精確的評估。

第二個大問題是推動股權分置改革，或是完全取消這種制度，以促進平等對待外資。當初股權分這麼多種，是為了防止經驗老道的外國人，占中國尚未成熟資本主義經濟的便宜。現在其實已經沒有什麼用處——尤其是中國人自己已經成為最大的投機客時，更是如此。防止外國人買股票的所有障礙都應該取消，以便形成公平競爭的環境，中國沒有理由再擔心開放市場。

中國有一些公司已經搖身一變，到國外大買股票，併購歐美企業。最後，中國如果希望得到把資本自由移轉到國外的權利，也必須准許外國人得到這種自由，作為互惠。大陸主管機關已經開始考慮這種新的現實狀況，決定進一步放寬外國專業投資機構計畫。好讓外國投資機構變成股市中影響第二大的力量，僅次於共同基金（2007年底可能把投資限額從100億美元，提高為400億美元）。

接著必須解決B股變成「次等股票」的問題。怎麼解決，卻又盡量不造成破壞，變成了證監會的最優先任務。方法之一是像處理A股一樣，定出公式，讓國有企業補償

小股東。第二個方法比較簡單，就是把B股轉換成A股，徹底廢除B股市場。這點表示中國股市必須像所有其他主要市場一樣，對各種類型的投資人開放。中國已經宣布，要取消投資機構購買A股的限制，容許外國人的影響力提高，這點是好現象。

2007年3月，國家外匯管理局局長胡曉煉宣布，該局鑑於A股和H股市場的差異擴大，考慮推動套利計畫。這個計畫如果實施，應該會在價格和一般協調方面，大為加強香港和大陸市場的關係。套利指的是在不同的地方買賣，操縱不同的價值，調整需求，到兩者一致為止。

展望未來，中國兩個互相競爭的交易所，似乎非常可能很快就會合併，成為一個全國性的交易所，以免中國投資人心分兩地。上證上市公司的數目繼續成長，深證從2000年起，似乎已經失去了對上市公司的吸引力。2000年時，上海市長和另外很多人承諾兩個交易所很快就會合併，卻一直沒有實現。深證本來打算增加新創企業交易的二版，也就是設立類似迷你那斯達克的市場。從技術上來說，一個大型的電腦化交易所似乎即將出現。很多其他國家的情形都是這樣：澳洲擁有七個交易所的時間超過100年，最後整併成為一個交易所；1969到1986年間，香港

有四個交易所；歐洲因為採用單一貨幣歐元，也在進行進一步的整合。

1984年我初抵中國時，中國仍然採用兩種貨幣，一種是不能兌換的人民幣，另一種是外國人用在一般中國人不能去的商店買東西的外匯券（FEC，1995年1月1日停止使用）。這件事情現在看來好像是遙遠的歷史。甚至一直到最近，每個地方對外國人收的入場費還不同。有時候更高得離譜，很多這種現象如今都已經消失，因為不同的收費根本划不來。毫無疑問的，當前這種兩層式的投資方法同樣麻煩，也不必要，希望能夠同樣快速地廢除。此外，當初設立這種制度，是為了阻止外國人投機，但是中國投資人的周轉率高多了，賣股票的速度也快多了（A股的年度周轉率為500%，B股為200%）。

所有這些束縛可能都與最後一個束縛相伴：人民幣匯率的完全浮動。中國的貨幣必須能夠自由兌換，唯有如此，相對價值才能彰顯，資金才容易轉移。你說我怎麼知道這件事對股市有利？2005年7月21日，中國政府宣布人民幣升值2%，上證A股指數上漲15%，B股指數暴衝25%，令人印象深刻。

有些專家認為，人民幣遭到低估15%或者更多。

到2007年初為止，中國政府容許人民幣管制性浮動將近7%，升值幅度還不夠，但是已經遠超過幾年前所能預期的程度。即使人民幣對美元升值一倍、中國對美國的貿易仍然會有剩餘；幾十年來，日圓對美元上漲400%，但是日本仍然對美國享有貿易順差。

但限制浮動只是中國政府走向自由兌換的第一步。最後，這樣做對中國企業的股價會有正向的影響，因為企業盈餘是用人民幣計算，和其他貨幣相比，人民幣的價值會提高（公司的股價也一樣）。用美元計價的進口原料價格會下降，也會使獲利提高。

美國經常指控中國刻意維持低匯率，以便鼓勵出口，也因此造成美國的貿易赤字增加，但是中國應該不會犧牲本身的福祉這樣做。而且人為的低匯率會鼓勵過多的外匯流入，造成投機性泡沫。

不動產泡沫就是絕佳的例子。如果貨幣不能升值、資金不能自由流動，房地產就會發揮替代作用。投機客已經把中國大城市如北京、上海和深圳的房價炒得太高、太高了。只要人民幣低估，房地產市場對外國人就會有吸引力。2006年5月，《華爾街日報》報導：北京一般公寓的價格是當地居民平均年薪的13倍。

　　然而，中國領導人過去曾擔心人民幣自由流通，人民會把錢搬到國外，人民幣會崩盤。另一個恐懼是匯率上漲會妨礙外國投資。毫無疑問的，這種憂心都起源於中國守舊派的心態。

　　完全自由兌換可能有一些暫時性的影響，但是就像歐元對美元一樣，市場很快會找到人民幣的適當匯率水準。回顧1980年代下半期，日圓對美元升值的情況，當時日本股市的流動性激增，拉抬了房地產市場和股價。這也促使日本企業增加外國投資，包括在美國和東南亞建立新的生產基地，以便對抗國內上升的製造成本。日本企業也掀起大規模購買國外商用辦公大樓、旅館和其他不動產的熱潮，這一切都有助於擴大日本的貿易剩餘。同樣的，中國放寬外匯管制後，將會成為前所未見的全球企業要角。此外，要主辦2008年奧運和2010年上海世界博覽會的國家，不需要管制外匯。

　　近來美國官員、中國證監機構和政府資深經濟學家似乎都異口同聲，每個人都希望看到更多的共同基金、指數型基金和機構投資。看來經過幾年充分的討論後，真正的指數期貨終於快要出現了。中國的公司債市場也仍然很脆弱，中國企業中，只有10%利用這種自我籌資工具，漫

長的等待批准期間，使這種籌資方法變得特別困難，在美國卻有80%的企業利用公司債籌資。2005年，美國利用公司債籌得的資本總額是利用股市籌資總額的6.5倍。相形之下，2006年，中國利用公司債籌募的資本總額還不到股市總市值的一半。

現在也有人公開討論取消股價漲跌停板限制的建議，這是市場變得更成熟的另一個跡象，趨勢明顯走向讓投資人有更多的選擇和更直接的參與。整體而言，過去中國中央集權式的領導和經濟體系的分權發生衝突時，衝突的解決方式都有利於增加繁榮、加強開放。事實上，很多企業家告訴我，他們寧可在中國經營，也不願意在任何「自由市場」國家經營，因為中國不會像美國和很多西方國家那樣懲罰企業或增加稅負。

長期而言，交易所和外匯的所有改革都會對股價產生有利的影響。總有一天，買中國股票會像打電話給營業員，或按滑鼠下單在倫敦和法蘭克福交易一樣容易。

我認為這種日子不久就會來到。

第二章
成功的風險

中文的危機由兩個字組成，第一個字代表「風險」，第二個字代表「機會」。

中國未來可能碰到很多危機，我身為投資人，必須最深入檢視最有機會創造價值的可能風險，以及風險引發的恐懼和所需要的解決之道。

信不信由你。談到投資時，我不喜歡冒險，我一向不喜歡走在邊緣上過日子的刺激，在中國買股票時也一樣，即使你可以說中國人是世界上賭性最堅強的人。如果你做好研究，低價買進，保持耐心，你應該可以輕鬆自在的，在沒有人注意的角落上，撿起一堆現金。

根據今天大家接受的標準，中國是相當安全的投資地點。主要的投資風險分析業者政治風險服務集團（PRS Group）從2001年起，就把中國評定為「低風險」國家。

2006年內，以整體外債占GDP的比率、外債占商品與服務出口的比率、國際流動性與外匯穩定性等因素來評估，中國在50分的量表上，得到47.5分，日本得到46分，美國的得分低到只有30.5分。事實上，從2001年起，也就是在911恐怖攻擊前，美國就被人認為是風險高於中國的國家。

然而，你在經歷市場跌勢苦苦煎熬，或是利用市場漲勢時，沒有什麼事情是確切不疑的，因此你必須評估威脅、預測前面有什麼陷阱，你遠隔半個世界評估時，更必須如此，中國可能出差錯的地方，跟中國的人口一樣多。

明確的危機應該包括下列多項：可能的軍事衝突（尤其是和台灣衝突）；政治不安定（如果共產黨的合法性喪失或降低）；分離運動（回疆或西藏）；普遍的社會不安（青年憤憤不平、農民身受冤屈或追求民主的中產階級日漸增加）；貧富差距或城鄉差距擴大（這點在後面幾章裡會一再提到）；勞工動亂（起因是工會沒有代表性）；資源減少（首先是水和石油）；環境威脅（汙染、沙漠化）；流行病潛伏（愛滋病、SARS、禽流感）、真實意義的地震或金融地震破壞沒有安全基礎的社會或金融結構；錯誤或貪腐的經營作法、肆無忌憚的普遍貪腐造成更大的成

本；犯罪集團的影響力日增；內部人的口是心非與胡作非為；銀行體系可能因為呆帳而崩潰，或是社會安全體系因為人口老化與少子化而崩潰；投資泡沫、狂潮與崩盤；工資上升造成競爭優勢喪失；差勁的匯率政策與過度保護主義；過多或過少的外國資本參與；領導的傲慢與無能；民族主義情緒上升；缺乏創造性思考。

聽起來很熟悉嗎？其中很多風險到處都會發生，美國也不例外。即使你不是副總理或總書記，也有很多事情讓你擔心到晚上睡不著覺，但是你不需要估算所有這些風險的可能性。

歸根究柢，中國不必事事完美無缺，才能產生世界上一些獲利能力最高的公司；中國人口的每人所得水準也不必達到美國的標準，才會造成商品與產品市場上漲。即使中國經濟每年只成長3到4%——聽起來實在太少，對吧？——也應該會提供很多成長機會。大部分國家的財政部長會不惜一切方法，換取本國經濟5%的成長率，對中國來說，這個數字卻讓人失望，然而誰也不能期望永遠保持10%的年度成長率。

中國當然會碰到很多突然與漸進的頓挫，精明的投資人碰到定期出現的問題和偶發的威脅時，信心會受到考

驗。因此我找出對中國進步構成最大風險的幾項重大挑
戰，在我看來，這些挑戰會提供大多數有利的投資機會。

燃點與和平

自從鮑伯‧霍伯（Bob Hope，編注：美國知名藝人，
1903～2003）第一次在長城上主持電視特別節目以來，
很多大師預測「中美之間難免一戰」，有些冷戰時期的心
態到現在還沒有消失。每次發生爭執（例如塞爾維亞戰爭
期間轟炸中國大使館，我旅行時碰到的人當中，很少人認
為是誤炸），就會有人把「赤色中國侵略」的迷思，從塵
封中拿出來發揮。然而，這些受歡迎的末日派先知根本預
料不到：伊斯蘭暴徒引發的反恐戰爭在一夜之間，使中美
兩國變成盟邦，此後兩國之間的關係幾乎是平靜無波。

中國真的會動用武力爭奪中亞石油嗎？會保衛其他
重要資源的供應線嗎？會因為衰微的美國帝國在所有其他
手段都失效後，訴諸武力，因而被迫發生衝突？有一個說
法指出，新興超級強權總是會靠著施展新增的國力追求成
長，而且迅速的經濟發展會激發帝國主義野心。根據同樣
的理論，像中國這麼擅於提高本身生活水準的國家，可能

不必用對外冒險的方式，轉移人民的注意力。

中國人根本不會笨到想打仗，幾百年來，中國遭到列強侵略、軍閥與幾十年的內戰蹂躪、又遭到日本侵略，主要城市與產業遭到洗劫一空，夷為平地。美國人通常認為，第二次世界大戰是美國光榮犧牲、拯救世界的時刻，美國在二次大戰中死傷40萬人，其中沒有一位是平民，中國喪生的人口高達3,500萬人，僅次於蘇聯，其中絕大部分是無辜的平民。中國財產遭到的損害等於當時日本國內生產毛額的50倍。而且我們忘了中國軍隊在韓戰中也遭到屠殺（毛澤東的獨子毛岸英就在韓戰中喪生）。

仔細研究中國一貫的行為，會讓大家更為安心。中國是土地廣大、種族繁多、喜歡向內看的國家，總是忙於內鬥——忙於因為諸侯、民族或小暴君互相競爭形成的內鬥，沒有時間到其他地方找麻煩。占大多數的漢族征伐鄰國，目的是為了鞏固漢族自認為「中國人」的版圖，中國的軍隊幾乎從來不曾進軍固有版圖之外，在你自認住在世界中心時，何必麻煩到處去征伐？中國大航海家鄭和率領15世紀時哥倫布座船兩倍大的寶船，到世界大部分地方去探險，但是他從來沒有併吞過任何土地。今天，正在緩慢調整的一胎化政策更有助於強化中國傳統清靜無為的態

度，今天的中國家庭知道自己不會再有後代，願意把獨生子孫送上戰場嗎？

中國人早在歐洲人之前好幾百年，就發明火藥，但是中國人沒有拿火藥來製造比較可怕的武器，卻拿火藥生產鞭炮。中國人的船舶與航海技巧勝過歐洲的偉大探險家，中國人卻從來沒有征服土地或設立殖民地。雖然中國建立了現代的核子武力，核武能量卻仍然相當小，只夠提升國家地位、提供適當的嚇阻，但是不至於多到使國庫破產，或是多到足以發動全面核子大戰。中國的核武數量是秘密，但是近在2004年，中國政府才宣稱，所擁有的核子彈頭數量是主要核武國家中最少的（暗示中國擁有的核子彈頭比英國的200顆還少）。美國國防部估計，中國大約擁有40具長短程洲際彈道飛彈構成的核子打擊力量。中國已經開始部署陸基與海基飛彈。中國也公開保證大致上「不率先動用」的政策，而且絕對不會用來攻擊非核國家。可以確定的是，中國進行的核子彈測試大約只有美國或前蘇聯的5%。

然而，中國政府多次以武力威脅持續存在的「另一個中國」——台灣，中國人把這個問題視為國家主權的重大事項。但是我越了解台灣的情況，到台灣訪問越多次，越

覺得整個情況變得越來越模糊。美國人通常認為，兩岸之爭是1949年國共內戰的遺跡，然而，現在只有國民黨中的死硬派才最為堅決主張兩岸最終統一。

不了解當地情況的其他人可能認為，美國的干預扶持了小小淚珠狀的台灣島上敢於自稱中華民國的「傀儡」政權。但是美國嚴格遵循中國大陸的一個中國政策，在1979年跟台灣切斷正式的外交關係。此後，台灣在1987年取消戒嚴法，變成亞洲最有活力的民主政體之一，也變成美國、中國甚至台灣人民不怎麼容易控制的地方。

台灣的人口不多，只有2,400萬人，卻大致上靠著自己的努力，變成亞洲第五大經濟體。從1980年代以來，台灣的GDP每年平均成長8%，遠勝過美國的3%。台灣除了擁有世界前五大的外匯存底之外，也享有貿易順差，是世界上很多最大電子廠商的根據地，包括供應惠普（HP）、戴爾（Dell）與東芝（Toshiba）電腦零組件的英業達、宏碁和廣達。

台灣和中國走在不同的發展道路上，在價值觀與宗教方面，有一度比中國更接近西方，而且比中國更接近傳統的中國，這種發展配合台灣強而有力的反共教育，促成1990年代台灣獨立運動進展快速，陳水扁當選總統把台

獨運動推升到最高峰。陳水扁不但是經由直接民選、統治台灣的台灣人,也是中國社會中第一位經由政黨輪替權力和平移轉、出任國家元首的人。但是他的任期即將結束,中國已經熬過最可怕的惡夢:主張獨立的總統公開推動公民投票與制憲,以便永遠確立台灣的獨立地位。就像陳水扁和支持者被迫降低鼓動人心的言論一樣,中國政府也再度展現恐嚇威脅的嚴重性遠超過實際行動。

雙方都避免衝突,原因很明顯,台灣與大陸經濟互相依賴的程度一天比一天加深。2005年內,台灣將近一半的外國直接投資來自中國;同樣的,台灣現在是中國第二大外資流入來源。雖然台灣努力分散投資,2006年內,台灣63.3%的對外投資流向中國,比率比2005年高出10%。中國已經超越美國,變成台灣最大的出口市場(2005年內,吸納台灣21.6%的出口)。2006年內,兩岸的雙邊貿易金額超過1,000億美元,年成長率高達20%。

自從台灣政府陸續放寬投資中國的限制後,幾十萬家台灣企業擁進中國,設立工廠,利用大陸電信、成衣與電子業比較低的生產成本。台商爭相錢進大陸,到2006年,投資大陸的台商大約有75萬人。根據中國徵信協會的調查,雖然官方的限制還在,台灣250大企業中的213

家，已經在中國大陸投資。

　　有力的企業領袖是推動台灣與中國衝突和平解決的最大推手，他們最清楚台灣與大陸的關係惡劣只會使台灣無法發揮全部潛力。兩個中國之間到現在還沒有直航是明顯的例子，因此台北的業務人員要到空中距離只有337英里的上海，敲定交易，必須花整天的時間在香港轉機。兩岸如果和解，教育是雙方可能密切合作的另一個領域，台灣有極多的大學，很多大學招生不足。但是中國只有530萬個學生有機會上大學，也就是只占有資格接受高等教育學生中的20%。不能上大學的人當中，很多人可能願意花大錢到台灣，接受用相同語言傳授的高等教育。

　　台灣與中國的衝突如果能夠和平解決，亞洲的夥伴國家也會大為獲利。隨著中國變得富強，中國不但成為更好的工廠，提供鄰國高品質的平價商品，也已經變成更好的顧客，讓鄰國賺取更多的出口收益。連中國的宿敵日本也逐漸依賴對中國的銷售，1999到2003年間，日本對中國的出口增加五倍；2007年元月，日本對中國的出口——其中很多是半導體，比上年同期增加50%，中國已經取代美國，變成日本的主要貿易夥伴。中國實施經濟制裁的可能性像現代隨時可能發生的危險一樣，威脅著日

本。中國也是南韓與北韓最大的出口市場,這些國家依賴中國,獲得持續的成長與繁榮,會繼續施加直接的壓力,促成中國與台灣的衝突和平解決。

這點不表示台海兩岸不會爆發戰爭,因為政客會做傻事。更大的問題是怎麼看出別人因為不切實際、擔心戰火、因而錯過的投資機會?投資大力參與中國發展的台灣公司,看起來似乎是違反直覺的做法,但是在眾多台灣公司把工廠和辦公室搬到大陸的時候,企業獲利應該會增加。台灣人管理世界上一些科技最先進的電子公司,雖然這個領域面臨激烈的競爭,若干績優公司一定會從中國大陸蓬勃的市場、以及從勞工成本的節省兩方面,得到好處。

另一個策略可能是投資跟台灣遙遙相對的福建省。最初移居台灣的人當中,大部分來自福建,說閩南話。由於雙方緊張關係持續不斷,福建和中國其他已開發地區相比,不動產和其他部門都變得比較便宜。如果兩岸出現真正的和平,福建一定會蓬勃發展,福建省會福州擁有700萬人口,福建南部的廈門大約有200萬人口,港口業務興隆,最近才被指定為中國汽車出口港之一。福建人總是樂於從中國移民,很多福建人在東南亞和美國,現在甚至在歐洲,都創立了成功的企業與社區。如果海峽兩岸能夠實

現永久和平，很多人可能會帶著寶貴的專業技術與資本回歸故鄉。

你也可以投資我在後面章節中會討論的旅遊部門。台灣畢竟是中國最大的島嶼，位在大陸的東南方，擁有眾多高山景觀、峽谷、寺廟與海灘，如果旅遊限制放寬，台灣會變成大陸旅客樂於造訪的目的地。

如果你希望根據台灣問題前途悲觀的想法為基礎，採取行動，當然也有一些投資策略。你可以放空未來成長依賴大陸的台灣公司，賭兩岸緊張一旦升高，隨之而來的禁運與制裁會傷害這些企業的獲利能力。你也可以投資兩岸的國防工業公司，因為在衝突時刻，這些公司毫無疑問地會蓬勃發展。在最糟糕的情況下，你可以一直等待，等到戰爭結束後的經濟衰退與復甦期間，才開始大揀便宜貨。但是你可能要等很長一段時間，如果承諾要防衛台灣的美國或日本介入，你乾脆指望第三次世界大戰會爆發算了，在這種情況下，我會建議你囤積所有商品。但是在這種情況下，連世界最高明的營業員，也不能確保你的投資組合安全無虞。

總之，戰爭的威脅有助於促使資金流入各地的國防包商。包括後備軍人與警察在內，中國總共有320萬大軍，

數字非常龐大，但是中國的一切都是這樣。中國希望把龐大卻經常裝備差勁的軍隊現代化，建造或購買新船、飛彈與戰鬥機。2007年內，中國正式的軍事預算支出增加17.8%，增幅是歷來最高的一次，目前大約占國家預算的7%多一點（和美國相比，比率相當低），卻是連續18年的兩位數字成長。

美國國防部認為，這筆預算不包括新武器系統的支出（中國每年從俄羅斯大約進口30億美元的新武器系統），也不包括飛彈與研究支出，因此實際預算可能是官方宣布數字的三倍，2007年的預算可能超過1,000億美元。同時，中國向歐洲很多公司購買硬體與系統，這些公司會從中得到最大的好處，因為美國法律禁止美國企業從事這種銷售。

這一切使美國的強硬派十分緊張，但是我相信實際的經濟因素（不太相信熱血的哺乳類動物）。我們都聽過所謂的麥當勞因素。兩個都出售麥香堡的國家從來沒有兵戎相見過。就台海兩岸關係來說，我會把這種情形看成中國水餃締造的國際和平，中國擁有龐大的勞動力與市場，台灣擁有技術知識與資本，兩者的配合極為完美，或許總有一天，連中國人自己都會說這樣是天作之合。

羅傑斯看中國：戰爭股與和平股

請注意，所有公司、交易所後都附有代碼，代碼可能只包括數字，也可能只包括文字，或是兼含數字與文字。

航天控股（中國航天國際控股公司）

香港：0031，H股；OTC：CAIF

三年趨勢：從虧損 1,770 萬美元，變成獲利 1,510 萬美元，營收成長 40.5%

　　預測至少未來五年內，中國的軍事預算會以兩位數字成長，很多公司會從解放軍預算持續大增的趨勢中獲利。但是中國的國防工業大部分由未上市的 11 家國有企業構成，只有中國航天國際控股公司旗下從事飛彈研究、發展與生產的子公司例外。

洪都航空（江西洪都航空工業公司）

上證：600316，A股

三年趨勢：獲利成長 108.1%，營收衰退 10%

　　中國的國防預算根本不透明，因此國防股通常也不清楚，因而成為各式各樣市場謠言的沃土。國防企

業又齗免揭露跟軍事有關的資訊，以致預測這些公司的營收與獲利變得更難。洪都航空是中國唯一生產教練機的廠商，產品包括K8噴射教練機，這種教練機出口到很多國家，包括巴基斯坦、斯里蘭卡、尚比亞與埃及。最新型的教練機L15在2007年首度試飛。洪都也開始生產民用航空器，中國公司與機構組成集團，跟歐洲空中巴士公司（Airbus）合夥，投資6.33億美元，在天津設立生產工廠，洪都是其中一分子。

中船股份（中船江南重工股份公司）

上證：600072，A股

三年趨勢：獲利成長78.4%，營收成長58.7%

中船股份屬於將來要興建中國第一艘航空母艦的企業集團。2006年底，謠傳中船股份要把工廠從上海灘附近的舊廠，遷移到長興島時，股價在不到兩個月內，飛躍上漲三倍。

成發科技（四川成發航空科技公司）

上證：600391，A股

三年趨勢：獲利成長89.6%，營收成長88.7%

　　成發是中國最大的戰鬥機引擎與零件廠商，是奇異（General Electric）與勞斯萊斯（Rolls-Royce）的供應商，出口占營收的65%，但是公司預期2007年的國內銷售金額會減少。

　　中國已經宣布，計畫自行生產民用大型噴射客機，和波音（Boeing）與空中巴士競爭，光是旅遊業的成長，應該就足以促進國內航空工業的發展。

廈門國貿（廈門國貿集團公司）

上證：600755，A股

三年趨勢：獲利成長65.8%，營收成長47.5%

　　這家公司在比較和平的步調下，專門經營台灣與廈門經濟特區之間的貿易，從事農產品、醫療設備、其他很多產品與商品的貿易，間接持有廈門國際貨櫃碼頭公司15.3%的持股——這家公司擁有廈門港唯一可以靠泊最新一代貨櫃船的碼頭。廈門港是最接近台灣的中國港口，如果有什麼公司能夠從「兩個中國」關係改善中獲利，一定是非這家公司莫屬。

福建高速（福建發展高速公路公司）

上證：600033，A股

三年趨勢：獲利成長23.7%，營收成長25.3%

　　如果兩岸關係改善，這家公司會間接受惠，這家公司經營兩條高速公路，一條是從濱海的泉州通往福建省會福州，另一條是從福州通往廈門。如果海峽兩岸的關係更趨和平，沿著這兩條公路運輸的貨物數量應該會急劇增加。此外，這兩條公路也是連接蓬勃發展的長三角與珠三角的幹線。

漳州發展（福建漳州發展公司）

深證：000753，A股

三年趨勢：獲利衰退54.5%，營收成長28.4%

　　很多台灣人的祖先來自港口城市漳州，這裡因此成為台灣企業熱門的投資地點。台塑公司已經在這裡投資30億美元，興建發電廠。福建漳州發展也在這裡積極從事道路建設、基礎設施發展與營建業務。

台塑公司

台灣證交所：1301

三年趨勢：獲利衰退 15%，營收成長 21%

以金額而言，台塑是在中國大陸投資排名前三大的公司，台塑老闆王永慶從 1990 年初次訪問大陸後，就一直在大陸投資，投資重點是石化工業。台塑公司在 1954 年創設，是世界最大的聚氯乙烯樹脂廠商，在美國和台灣都設有工廠。台塑在中國大陸也打進健保與發電產業。1996 年，王永慶計畫在福建興建發電廠，遭到台灣政府反對，但是他在 2003 年與當地夥伴合作，重新推動這個計畫。

統一企業公司

台灣證交所：1216

三年趨勢：獲利成長 38.1%，營收成長 1.2%

統一從台南的家族農場起家，變成台灣最大的食品廠商，也成為亞洲最大的食品廠商之一。統一從 2002 年起，大力投資大陸，以軟性飲料、尤其是以速食麵聞名，在大陸擁有 11 條速食麵生產線。業務已經擴展到便利商店、食用油、冷凍食品等等，2005 年的大陸營收為 14 億美元。統一獲選為北京奧運贊助廠商那一周，股價上漲 15%。

富士康國際（富士康國際控股公司）

香港證交所：2038，H股；OTC：FXCNF

三年趨勢：獲利成長296%，營收成長213.8%

　　因為台灣企業的大陸投資受到不得超過資產40%的限制，有些公司開始把大陸事業分拆，在香港證券交易所掛牌。富士康是諾基亞（Nokia）與摩托羅拉（Motorola）行動電話手機的主要供應商，持有富士康國際控股74%股權的富士康集團在2007年初，宣布計畫在大陸上推動11個新計畫，以便確保電腦與消費產品生產與設計部門維持30%的成長率。富士康是鴻海精密公司（台灣證交所：2317；OTC：HNHAF，HNHPF）的一分子，鴻海擁有各種電腦組裝與科技專利15,000種。2007年3月，鴻海宣布要在整個中國大陸，推動八大新計畫。

渴望進步

　　「我們已經看見敵人，敵人就是我們自己。」這句話因為越戰期間刊登在波哥（Pogo）連環漫畫上，變得十分出名，這句名言可以適用世界很多國家，在中國特別適用。

對中國繁榮構成最大威脅的是內部問題，不是外在威脅。

中國的生產力到了未來的某一個階段，會受到可用資源的限制。鈦、鐵礦砂、銅的供應並非毫無限制，中國極為依賴煤炭，已經超越美國，變成世界最大的溫室氣體釋出國，這點影響全球：美國的權威機構估計，現在加州灰濛濛的空氣中，大約四分之一的粒子來自中國，中國三分之二城市的空氣品質低於標準；地球上20個污染最嚴重的城市中，有16個在中國；中國工業化地區的兒童中，大約80%有某種形式的鉛中毒。

同時，良田沃野因為過度使用化肥導致地力耗竭，森林逐漸變成沙漠──光是1994到1999年間，戈壁沙漠就擴大了2萬平方英里，不斷地逼近北京。中國2.1萬家化學公司中，有一半設在長江或黃河附近，有毒廢水和中毒事件不斷增加，光是2005年的最後兩個月裡，就爆發了45件。大家認為，中國70大河流與湖泊的汙染程度，已經到了危險的地步。

我考慮中國的未來時，最擔心的是中國日漸乾旱，水資源嚴重枯竭。順便要說的是，印度的情形可能更嚴重。我到兩國旅遊時，碰到很多過去繁華的城市因為缺水，變成鬼城。現在歷史可能重演，只是規模卻大多了。首先，

中國三分之二農地所在的北方，降雨量不到世界平均值的8%；南方比較偏熱帶，是中國70%穀物的產地，卻因為快速都市化而受害。到2012年，長江在生物學上會形同死亡：長江目前吸納中國40%的廢水，80%的廢水未經處理。同時很多處理廠，如三峽大壩的處理廠卻沒有發揮全部處理能力。包括上海、武漢和重慶在內，有180個城市、總共將近6,000萬人依賴長江供應飲水，這些城市不斷到河流的更上游，尋找品質比較好的飲水，但是總有一天會走到盡頭。

共產主義把水視為人民可以免費取用的資源，水價遭到人為壓低，近年來，水價急劇上漲，從1999到2004的五年間，水價上漲了十倍，卻無法阻止大家用水。連「綠色」行動都可能只是使問題更為惡化，水資源專家已經警告，像巴西和印度這樣，改用酒精汽油之類生質燃料的趨勢日漸茁壯，實際上可能導致種植甘蔗之類燃料作物所用的水量巨幅增加。

因此，聯合國已經把中國列為世界每人供水第13少的國家；中國水資源部預測，到2030年，水資源供應會再減少20%，降到國際公認「水資源緊張」的水準。中國660個城市中，超過60%已經供水不足，中國一半人口的

飲水受到人類與動物廢棄物汙染的程度，超過國家與國際標準。世界銀行認為，水汙染造成的災難救助與健康問題成本，占國內生產毛額的1%到12%。

　　中國人並非只是改喝進口礦泉水而已，政府從2000年起，針對中國企業與城鎮，訂出一系列的環保標準與規定，而且訂出包括石化、紡織與造紙在內的五大產業用水限制。水資源部計畫在2010年前，動用1兆元人民幣（1,250億美元），拯救中國的供水系統，其中包括3,300億元人民幣（412.5億美元）建設都市廢水處理設備，另外3,200億元人民幣（400億美元），興建南水北調工程的兩大幹線。

　　缺水到了緊要關頭，中國人會像爭取石油供應一樣，轉而求助鄰國俄羅斯供水。我永遠忘不了自己騎著摩托車，沿著西伯利亞貝加爾湖畔遊歷的景象。這個深不可測的大湖是世界最大的淡水湖，蓄積了世界20%以上的淡水，比北美五大湖加起來的水還多。有趣的是，貝加爾湖過去曾經是中國領土，西伯利亞水很多人很少，但是把那裡的水轉調到南方，可能要花很多年的時間。

　　中國已經開始公開承認沒有能力應付這種問題，也開始推動水務部門民營化與接受外國投資。政府終於也承認

其中的社會成本，政府十分清楚，汙染的影響耗用國家高達10%的國內生產毛額，每年耗用2,000億美元的成本，已經承諾要在未來五年裡，動用1,620億美元，協助清除汙染，也通過眾多新法律，希望鼓勵使用替代能源，對抗沙漠化與河流毒化、建設新一代的水處理設備、加強執行環保法律（一直到最近，中國國家環保總局只有象徵性的300位職員）。

過去中國建設水務設備所需要的外國資金，大部分來自世界銀行（World Bank）、亞洲開發銀行（Asian Development Bank）與外國政府捐贈。為了解決資金問題，中國政府已經開始大力鼓勵民間部門，以低於重置成本的價格，購買現有或新建的廢水處理廠。根據美國商業部的資料，目前大約有300家國內外機構，在中國從事供水研究、工程設計、廢水收集與廢水處理業務。世界上有幾百家工廠生產廢水處理設備與材料，然而，只有擁有健全財務、科技能力與中國人支持的公司，才能夠在中國的水務商機中大發利市。

水資源管理可能是新世紀裡世界的主要危機，因此，中國在尋找解決之道時，不會孤立無援。但是除非中國找到對策，否則中國的黃金時代可能因水而止。

羅傑斯看中國：遇水則發

金迪生科公司（Bio-Treat Technology Ltd.）

新加坡證交所：B22，S股

三年趨勢：獲利衰退9.5%，營收成長133.7%

　　中國碰到供水危機時，華人統治的新加坡島上，會有一些企業變成最大的受惠者，新加坡的處理公司擁有先進的科技，十分了解中國的商業環境，跟中國政府又有良好的關係。估計未來十年內，全球水處理市場的規模會達到1.2兆美元，新加坡政府希望取得其中3到5%的業務。新加坡在沼澤新生地上立國，你可以說，新加坡擁有技術和資金，可能變成水處理業的矽谷。新加坡證交所反映這種雄心，是亞洲100大水處理業者大部分股票掛牌的地方，總市值達到500億美元。金迪生科已經在中國裝設250套廢水處理系統，也取得合約，參與中國龐大的南水北調工程。

亞洲環保控股公司（Asia Environment Holdings Ltd.）

新加坡證交所：A58，S股

三年趨勢：獲利成長287.3%，營收成長209.1%

亞洲環保已經和江蘇與江西省簽署金額龐大的合約；亞洲環保和新加坡另兩家主要的水務公司合作，已經在中國取得價值4.74億美元的合約。

其他的新加坡公司包括凱發集團（新證：600；OTC：HYFXF；獲利衰退35.1%，營收成長46.5%）和心遠科技（新證：S14；OTC：SMMKF；獲利成長23.2%，營收成長111%）。心遠從事過濾程序；凱發打進垃圾掩埋場垃圾分解產生的液體處理業務。

亞洲水務公司（Asia Water Technology Ltd.）
新加坡證交所：5GB，S股
三年趨勢：獲利成長121.9%，營收成長46.5%

亞洲水務在中國取得的工程超過500項，股價已經大幅上漲。

中國水務（中國水務集團公司）
香港證交所：0855，H股；OTC：CWAFF
三年趨勢：從虧損1,260萬美元，降為虧損320萬美元，營收成長59.4%

從事供水公用事業、水產養殖與電子業務。

陽晨B股（陽晨投資公司）

上證：900935，B股

三年趨勢：獲利成長25.4%，營收成長107.2%

　　陽晨是日漸擴張的國內專業汙水處理業者。

納爾科公司（Nalco Company）

紐約證交所：NLC

三年趨勢：獲利成長76.3%，營收成長6.3%

　　很多跨國公司在中國和其他危機地區尋找商機。
伊利諾州納爾科公司是水處理業者，最近宣布已經加
強爭取新興市場經濟體的業務。

威立雅環保公司（Veolia Environment）

歐交所（巴黎歐洲證券交易所）：VIE；紐約證交所：VE，
ADR；OTC：VEOEF

三年趨勢：獲利成長76.3%，營收成長6.3%

　　這家法國公司在中國擁有不少水務設施，對1.1
億人提供用水與汙水處理服務。

　　其他外國公司中，德國西門子公司（Siemens）
最近與以色列未上市的最大水務業者梅克羅公司

（Mekerot）合作，研發新科技，拯救以色列稀少的水源，最後希望把這種科技，賣給中國之類的國家。2006年7月，美國陶氏化學公司（Dow Chemical）買下浙江歐美環境工程公司，增加了三座淨水廠。

龍淨環保（福建龍淨環保公司）

上證：600388，A股

三年趨勢：獲利衰退69.7%，營收成長53.9%

中國會有越來越多所謂的綠色公司出現，希望在淨化全國的工程中大發利市。龍淨環保創立於1998年，是中國第一家公開上市的脫硫與除塵機械業者，龍淨已經跟德國關係企業合作，推出各式各樣的環保科技。

飛達環保（浙江飛達環保科技公司）

上證：600526，A股

三年趨勢：獲利衰退57.7%，營收成長41.7%

公司在2002年創立，是專業焚化爐與汙染空氣濾清設備廠商，這個領域將來會有很多業務。

所有國家都失敗時，中國會失敗嗎？

　　所有談中國的書似乎都認為，中國正處在緊要關頭，這樣說很戲劇化，而且是幫忙賣很多書最方便的方法。但是我看中國時，看到的不是即將征服世界的國家，也不是即將陷入暴亂的國家。你現在應該已經猜得出來，我看到的是持之以恆的趨勢，而且我就像中國領袖和耐心的談判專家常見的一樣，採取長期觀點。

　　過去30年裡，中國努力推動的改革不亞於社會革命，以最少的犧牲和爭執，創造了最大的報酬，完成了數量驚人的人口遷徙、資金與資源移轉，卻沒有造成驚人的犧牲和動盪，甚至沒有造成狂暴的通貨膨脹。管理這種改革的人表現出不可思議的見識和精明，像中國的第一位經濟強人朱鎔基，曾經以他對華爾街名詞的深入了解，讓哈佛商學院的學生大為嘆服，接替他們的人甚至更像科技官僚，都在西方接受教育，熟悉現代資本主義國家與企業形成的每一個妙計。

　　這些人似乎知道什麼應該蓋緊蓋子，什麼時候應該掀開蓋子，讓社會壓力釋放出來——這種壓力確實很多。例如2005年時，估計整個中國發生了51萬件「公共爭執」，

這點不見得是壞事，卻代表政府容許某種形式的抗議。當然沒有人會把天安門廣場屠殺學生的事情，當成維持治安的典範，但是對大部分中國人來說，這種反應和新舊派之間的緊張已經是遙遠的歷史。中國人認為自己和喜歡一致行動的日本人不同，中國人彼此之間總是喜歡內鬥，表達異見，但是這種天威之下的騷亂是否會升高，到達嚴重影響企業與投資環境的地步？你今天去問大部分的中國人想要什麼，他們會說，想賺錢，希望國家富強，前途安定，我碰到的大部分中國人都努力地這樣做。

雖然2006年中國經濟擴張11%，《霸榮周刊》（*Barron's Magazine*）卻刊出一篇封面報導，叫做「中國什麼地方可能出差錯？」這篇文章的作者指出中國的三大問題：人口老化、貪腐普遍、環境惡劣。但是他錯過了更明顯的趨勢：千百萬農村居民能在未來幾十年裡，可以取代逐漸老化的中國勞動力，而且不算太久以前，所有所謂的亞洲四小龍，都有同樣的貪腐現象，而且對外國和本國公司來說，中國的環境問題代表驚人的商機。

今天凡是到北京去的人都可以看出來，首都準備綠色奧運之際，淨化環境的說法已經從具有半危險性、只有少數異議分子支持的信念，變成了政府衝刺的主要目標，也

是國營媒體報導最多的事項。中國總理溫家寶曾經勸告同胞，在這一個問題上加速行動，而且政府不只是任命一位部長，而是任命兩位部長，負責環境問題。美國花了一百多年的時間，才正視「進步」對北美大陸造成的傷害；中國在很長的期間裡，可能不會成功，卻在造成問題之後不到幾年，就正視這些問題。

中國也必須始終保持警戒，注意可怕的新病毒，以免像2003年的嚴重急性呼吸道症候群病毒（SARS）一樣，造成肆虐全國、人人恐慌的流行病。有一件事可以肯定，就是因為那次經驗，中國的公共衛生官員不會再為了「面子」問題，隱瞞疾病的真正狀況。但是有一件事情沒有人敢肯定，就是人口過度稠密的廣東省，因為人民和包括很多種日常食用動物在內的各種野生動物比鄰而居，成為若干專家所說的突變病毒產生的大本營。一些已知的病原體已經攻占中國的人口：1.1億人帶有B型與C型肝炎病毒，高達5億人的身體裡，潛伏著會造成肺結核的細菌。

另外還有一種說法，認為印度多少會橫刀奪愛，從中國手中搶走大部分的商業與動力。毫無疑問的，這個新興市場國家中的小老弟展現出希望成為世界經濟強權的跡象。但是中國除了擁有比較有效的計畫、教育程度比較高

的勞動力之外,也有領先25年的優勢。我騎著機車,遊歷印度精華大城市以外的地方時,發現一切如常,也可以說毫無商業跡象,處處貧窮、人口過多、怠惰無力,也缺乏基本設施。

印度除了僵硬的階級制度、最沒有能力養兒育女的人生育率毫無限制之外,在推動企業、追求資本和解除管制方面,頂多只能說是猶豫不決。連肯德基炸雞(Kentucky Fried Chicken)與麥當勞(McDonald's)之類的公司,都因為行動太快,碰到問題。印度像高山一樣的繁文縟節、像漩渦一般的法律程序,足以阻撓動機最強烈的投資人。根據世界銀行的說法,在印度要創設事業,所花的時間是在中國創業的兩倍多,而且要登記財產權或行使契約權利,所花的時間幾乎是中國的兩倍(在印度要花425天,在中國要花241天)。

說到基礎建設,我親身了解的事實是:在印度要走100英里,可能要花一整天。

印度仍然明顯缺乏可靠的發電廠和適當的港口設備。光是上海一個港口,2005年就處理了2,100萬個海運貨櫃;整個印度的港口只處理了500萬個,印度工廠平均每個月會碰到17次停電。說到通訊,印度有20種主要方言已經

夠麻煩了，我們從印度的一個省到另一個省時，還得換行動電話。說到國民教育，中國規定所有兒童必須念完國民小學；印度未來的勞動力中，有一半人根本念不到國小六年級。

新聞報導現在每天都告訴我們，中國努力和亞洲其他國家、非洲與拉丁美洲，建立長期貿易與外交關係。經歷過驚人改革中最困難的過程後，這個世界最大的國家、最大的工廠與最大的市場不會就這樣關門走人。

同時，當務之急主要是規模與步調的問題。中國會讓貨幣充分自由流通嗎？答案似乎是肯定的，因為人民幣對美元匯率水準正在逐漸放寬。升值會妨礙出口嗎？中國實施世界貿易組織規定的開放後，外資銀行的勢力大增，中國的銀行體系要怎麼營運？投資與股票法規改革的速度是否夠快？如果西方經濟碰到嚴重的衰退，讓所有中國工廠忙碌不堪的訂單會不會中斷？

金融業者有辦法在下次美國聯邦準備理事會（Federal Reserve）開會後，讓大家覺得世界可能走向末日。有些分析師認為，美國經濟即將碰到嚴重困難，房屋市場衰退、債台高築，貿易失衡拖累物價、所得和經濟成長。也有人認為，在政府致力控制經濟成長之際，中國也會走向

「硬著陸」。

中國成長多寡，多少要看美國而定，不過兩者的關係可能沒有你想像的那麼密切。美國股市激烈震盪之際，中國股市定期會展現出安定的力量。1997年亞洲爆發金融危機時，中國股市飛躍上漲38%。近在2000年，網路泡沫崩潰造成全球市場暴跌時，中國市場激漲49%。最近的震盪顯示兩個市場的關係越來越密切，因為越來越多個別投資人、尤其是投資機構得到消息，注意另一邊的狀況。但是一切主要還是對信心與成長的心理影響，實質經濟衝擊不像大家想像的那麼大，從區域層面來看，因為中國的亞洲鄰國都忙於發展自己的經濟，衝擊甚至更小。

以日本來說，到2000年底，投資人口增加到3,000萬人，占總人口的四分之一，遠超過1950年9月日經225種股價指數（Nikkei 225）推出時的500萬人。根據聯準會的報告，2000年時，美國有5,300萬個家庭，大約占美國家庭戶數的一半，擁有股票與共同基金。中國在十年內，投資人開戶數目從寥寥無幾，增加到6,500萬戶，現在更以驚人的速度增加，卻仍然只占全國人口的10%。

事實上，美國不是唯一影響中國的力量，因為中國的成長中，大部分是靠國內需求刺激形成的內部成長。各種

觀念可能影響市場，很多投資機構認為，中國在各方面都依賴美國。其實美國出問題時，資本反而會流向地球的另一邊，推升中國的股價與投資報酬率。此外，美國是世界最大的債務國，中國卻是世界最大的債權國，或許這一點會讓你想到比較讓人擔心是哪一國。

　　美國股市就算只有微跌，幾乎都會影響每一個人的退休金、儲蓄、財產價值等等，中國不是這樣，即使像2007年1月一樣，券商開戶人數增加35萬戶，即使每一位人力車車夫和村長都用融資買賣股票，中國也還沒有到達美國這種情形，而且很久之後才可能這樣。中國的儲蓄率很高，依賴股票投資組合過活的人少之又少。股市崩盤甚至對擴張所需要的資本也不會有同樣的影響。中國還沒有變得過分技術性，企業在股市之外，還有很多地方可以找到資金，包括向財力雄厚的國家借錢。中國當然可能爆發狂潮，交易狂潮本來就是這個遊戲的一部分，我們必須小心避免，如果情勢變得過於泡沫化，那麼你就得退場。但是中國的成長曲線跟美國不同，就像日本和德國在第二次世界大戰後，走在不同的成長曲線上一樣。這種曲線可能因為外在事件的影響而放慢或加速，但是我不相信成長曲線的基本形態會改變。

如果中國的領導人對「背叛的」台灣失去耐心，台灣島上或其他地方競相錢進中國的眾多投資人也不會跑掉；如果中國每一條街的街角上，還有人販賣走私軟體和盜版光碟，外國公司也不會放棄有錢購買合法產品的幾億個顧客。如果中國貧富之間的緊張升高，或是像SARS之類的神秘病毒使生產癱瘓，造成的傷害應該也是有限而短暫。如果市場爆發激烈起伏的狂潮，應該也不見得會影響基本的上升趨勢。一切都顯示中國走在管理改善、政府政策變化減少、一貫性增加的道路上，也變得比較信任資訊的自由流通。

中國成功的同時當然構成最大的挑戰。「過高的流動性、膨脹的信用、資產榮景與過度投資在虧損的重工業上，這些1980年代造成日本衰退的所有因素」都是國際清算銀行（Bank of International Settlements）引以為憂的地方。連中國的最高領導人都公開形容中國的成長：「未經協調、不能永續。」

急躁和貪心造成的過度繁榮的確是中國最後的主要隱憂。卻不是唯一的隱憂，從2005年起，股市的確出現一片榮景，現在已經形成初期的泡沫。我在寫這本書時，一般中國人對於我一直努力說明的中國股市價值深感振奮，

一旦你開始看到計程車司機典當車子，把終生儲蓄投資在熱門明牌上，或是店員向朋友借錢，希望炒短線獲利時，就是應該小心的時候了。從歷史來看，歇斯底里從來就沒有好處，此外，內勤作業問題、驚人成交量造成的錯誤和延誤，都會使跌勢加深。歷史上的每一個瘋狂市場，碰到會計、支付與交易系統無法承受龐大壓力時，都會出現問題和慘劇。因此你或許可以等著，看看中國股市會不會走到這種危險的階段，然後在出現修正時，跳進股市，如果你在市場低迷或沮喪時，不能買進，那麼你至少應該看看穩定上漲、而不是像中國製造的鞭炮一樣一飛沖天的穩健投資標的。

不管其中有什麼風險，有一件事情總是很清楚，就是把所有儲蓄都投資在美國股票上，比把一部分儲蓄投資在中國還令人擔心──不論你是投資中國的成長，還是作為對抗美國可能碰到經濟減緩的避險手段。

中國已經變成自成一格的強大金融市場，不管地球的另一邊發生什麼問題，中國股市都會有驚人的機會。定期出現的問題和偶爾發生的危機疑雲，會考驗精明投資人的信心，如果你像我一樣，相信中國前途光明，你就會在恐懼把價格打壓下去時投資，得到長期投資的好處。

第三章
上市公司百花齊放、千牌競秀

股票交易所是否前途光明，完全要看掛牌的公司而定，這點在上海是這樣，在法蘭克福也是如此。我對中國市場信心十足，原因是中國擁有很多體質強健、才剛剛開始發揮無窮潛力的公司。

中國談到「全國冠軍」時，不是只用來稱呼獲勝的運動隊伍，政府也用全國冠軍，鼓勵和表揚能夠在全球競爭、能夠在國外建立中國品牌的本國公司。全國冠軍就像是企業家的勳章，現在大部分人應該都聽過世界第四大家電廠商海爾；聽過青島啤酒〔現在安海斯－布希公司（Anheuser-Busch）持有一部分股權〕；或是聽過買下IBM個人電腦部門的中國電腦廠商聯想。南京汽車公司買下英國的路寶（Rover）品牌後，已經開始在中國生產著名的MG路寶跑車。

但是這些著名的公司只是獲利冰山的一角，從現在開始，中國迅速擴大的國內需求會變成衝刺獲利與股價的因素。事實上，十多億人需要很多公司不斷提高效率，以世界從未見過的規模，生產與銷售構成現代社會的眾多要件。這點表示中國的奇異（GE）、中國的甲骨文（Oracle）、中國的嬌生（Johnson & Johnson）、中國的索尼（Sony）已經在什麼地方摩拳擦掌，等著被人發現。

需要新品牌

你想到日用百貨時，很可能不認得購物紙袋或塑膠袋上的聯華字樣，但是談到中國超級市場擁擠的走道時，聯華吸引的顧客比沃爾瑪（Wal-Mart）和家樂福（Carrefour）之類更著名的外國對手還多。聯華從上海的一家店起家，最近計算時，已經有3,716家綜合日用百貨「大賣場」和「快客」便利商店，每年還以新開400家商店的速度成長。聯華從2003年起，在香港證交所掛牌，後台老闆是中國最大的綜合零售業者百聯集團，聯華現在在21省開店（中國大陸劃分為22省，但是把台灣視為第23省，另外有四個自治區、四個直轄市和香港、澳門兩個特別行政區）。

聯華努力維持領先外國競爭對手的優勢，目前正靠著4.7萬個員工的幫忙，推動食品供應鏈的標準化。聯華一再贏得零售協會頒發的中國優秀連鎖品牌的獎牌，甚至也開始在歐洲開店。公司計畫在2008年北京奧運前，把開店數目增加為8,000家，相形之下，近在1999年，全中國只有一家（我再說一遍，只有一家）超級市場。

今天中國的大企業不再只對西方國家供應廉價產品，也加速滿足國內顧客。美國勞工統計局估計，2004年時，中國8億勞動力的平均時薪為0.64美元，美國勞工的平均時薪為21.11美元。此後，31個省區中的29個提高了最低工資。但是最高的月薪也只有105美元。這種工資會繼續讓中國企業在世界市場上，擁有驚人的價格優勢。但是在已開發的華南和華東地區，勞工需求激增、供應有限，已經使非技術工人的工資上升，造成包括通用汽車（General Motors）、福特（Ford Motor）、本田（Honda）、摩托羅拉（Motorola）與英特爾（Intel）之類的企業進一步西進，這點表示每一階層的人口在勞工供應鏈上升級後，購買力會提高。

在城市地區，工資和改善生活的意願迅速提高，都市白領勞工變得十分勢利，大部分公司最頭痛的問題是避免

受過教育的員工跳槽，追求更好的待遇。有些分析師根據
購買力平價，認定個人年所得超過1,200美元就是「中產
階級」，據此認定中國的中產階級已經有4.7億人，比美
國的總人口還多。一些採取比較嚴格標準的分析師認為，
中國的中產階級有7,000萬到1.5億人，中國政府表示，大
約有2.5億人、也就是總人口的19%，有能力購買汽車、
公寓和其他產品。不過中產階級人數逐漸增加這一點毫無
疑問。

　　在生產方面，中國企業跟外國公司合資經營20年
後，學到了大幅領先競爭對手的專業知識技術。外國企業
急於進入這個世界最大的市場，造成本地合作夥伴取得越
來越多的生產能力與智慧財產權後，獨立經營。從國際標
準來看，中國政府聰明地壓低國家研究發展支出，鼓勵外
國投資中國一些最弱的部門，以便本國企業可以從中受
惠。過去幾年裡，中國準備應付隨著加入世界貿易組織而
來的激烈外國競爭之際，中國五大銀行中的四家，已經和
外國業者，建立策略性夥伴關係，並且依據規定，把最多
20%的股權，賣給美國銀行（Bank of America）之類有經
驗的業者，以便自己建立新的經營管理程序，現在中國的
銀行也開始擺脫正經八百的形象，提供遠比過去大為增加

的成套金融服務。短期內，德國福斯汽車（Volkswagen）會從中國市場中獲利，但是福斯的中國合作夥伴上海汽車才是長期受惠的對象。

中國正在擺脫仿冒皮包與嬰兒車，從輸出紡織品與玩具之類的傳統出口產品，變成輸出汽車零件之類價值較高的精密產品。有一個指標顯示，從1993到2004年間，中國科技密集產品的出口金額增加了一倍。別忘了日本經驗，日本仍然是所有亞洲國家經濟開發的模範（但是願意承認向宿敵日本學習的中國人很少），甚至到了1970年代初期，「日本製」產品還被人嘲笑為低級、粗糙的仿製品，還記得日本生產的酷斯拉怪獸（Godzilla）嗎？看來不是很像差勁的布製娃娃嗎？今天中國正在利用同樣的因素，也就是以創新結合工作倫理、高儲蓄率以及和政府關係密切的大企業，像日本一樣，徹底扭轉形象。但是中國比日本大25倍，還擁有日本可能已經喪失掉的期望和動機。

海爾集團從倒閉的小小國有企業起家，現在變成世界第四大白色家電（編注：飲食衛生類家電，如冰箱）廠商，海爾實際上會公開考評旗下5萬個員工的績效，叫表現不好的人罰站。在一部跟海爾有關、很受歡迎的宣傳影片中，共黨激進分子的英雄角色，被思想前進的企業家、

也就是海爾傳奇性的創辦人張瑞敏取代，這位企業家到德國學習高品質生產的方法，然後在員工驕傲地生產出第一批冰箱時，叫員工用鐵錘打碎每一部冰箱，再製造出完美無缺的產品。

海爾現在的問題是怎麼管理驚人的成長，近年來，海爾在美國、中東、非洲和俄羅斯設立了六座工廠和分公司。海爾2005年的海外營收成長51%，占營收的比率升高到空前未有的31%。但是近年公司申報的盈餘持續衰退，原因包括海外擴張的代價與國內的激烈競爭，海爾雖然占有國內市場的30%，卻像中國的每一家大企業一樣，不能把日漸成長的國內市場視為理所當然。

在努力工作已成為一種習慣、一周工作六天是正常做法的中國，中國所有的企業執行長都長時間盡最大的努力工作。他們擁有技術知識與關係，能夠以較低的成本，生產出更多的產品，他們充分學習世界各地新創企業與創造資本的知識，他們的小孩都到外國拿企管碩士學位。今天所有工廠經理人都受過西方教育，再想出自己特有的方法，生產特有的產品。

羅傑斯看中國：家喻戶曉的品牌

中國人壽（中國人壽保險公司）

上證：601628，A股；上海證交所：2628，H股；紐約證交所：LFC，ADR；OTC：CILJF

三年趨勢：盈餘成長177.6%，營收成長91.8%

　　人壽保險業務迅速擴張，從1996年起，每年成長30%，中國人壽是這個領域中的鉅擘。社會主義制度的「鐵飯碗」摔碎後，個別家庭現在必須建立自己的安全網，這種情形造成各式各樣的保險、包括醫療險、壽險或養老金計畫的驚人需求，並不讓人意外。在預測營收很快會超過1,000億美元的中國保險市場上，中國人壽、中國平安保險（請參閱第八章的資料）與小很多的中國太平洋保險具有主導地位，根據最新的資料，擁有7.6萬個員工的中國人壽占有43%的市場。中國因為加入世界貿易組織條約的關係，容許外國銀行直接爭取中國存戶，中國的銀行面臨同業與外國競爭對手日漸增強的競爭，保險業者沒有這種立即的威脅，不過本國銀行可能逐漸提供更多的保險服務。

中國神華 （中國神華能源公司）

香港證交所：1088，H股；OTC：CUAEF

三年趨勢：獲利成長92%，營收成長63.6%

　　中國的國力日漸茁壯，對電力與能源燃料的需求也逐漸增加。很多投資人注意石油公司，但是中國仍然依賴燃煤火力發電廠供應70%的電力，神華經營中國最好的煤礦，還經營很多其他業務，神華擁有連接陝西省與內蒙古煤礦通往公司自有海港的一條鐵路線，也在自有的鐵路沿線興建了九座發電廠，另外投資15.8億美元，從事煤炭轉化為石油的業務。

雙錢股份（上海輪胎橡膠公司）

上證：600623，A股；900909，B股（以雙錢股份公司的名稱掛牌）；OTC：SIRBY，SIRBF

三年趨勢：獲利成長24.8%，營收成長34.5%

　　上海輪胎沒有固特異那麼有名，卻有幾年很好的光景。上海輪胎是世界第15大輪胎製造商，以雙錢牌與迴力牌主導國內消費市場。在國際上以貨車與拖車用重車輪胎聞名。公司是在1990年由一些國有專賣輪胎廠合組而成，十年後，因為政府把防滑輪胎

列為高科技產品，免除若干稅賦後，開始起飛。上海
輪胎也和米其林（Michelin）合作，創辦合資事業，
但是現在兩家公司競爭激烈，米其林一位經理人說：
「中國會變成世界輪胎的戰場。」

中國鋁業（中國鋁業公司，中鋁）

上證：601600，A股；香港證交所：2600；紐約證交所：ACH，ADR

三年趨勢：獲利成長86.7%，營收成長88.8%

中國是世界成長最快的鋁業市場，中鋁是其中
最大的初級鋁生產廠商，也是90家比較小的鋁業廠
商核心。中鋁是在1999年，由眾多國有鋁業公司合
組而成，後來因為產量增加，價格下跌，成長略為減
緩。報導指出，世界第二大的中鋁計畫積極併購，包
括可能併購美國鋁業公司（Alcoa）。中鋁每次蓋好
新鋁廠，中國其他同業就會因為電費高昂，關閉工
廠，但是世界對鋁的需求還是繼續成長。

華為技術公司

未上市，計畫在香港掛牌

三年趨勢:獲利未公布,營收成長 166.7%

　　沒有聽過華為嗎?這家電信設備鉅擘並未上市,創辦人原本是軍官,現在在將近100個國家營業,在中東擁有優勢地位,在印度、俄羅斯、瑞典和美國設有研究中心。2000年時,思科(Cisco)控告華為侵犯電信設備專利權,後來雙方庭外和解,現在華為已經超越模仿階段,產品越來越先進。該公司宣稱,6.1萬個員工中,有48%從事研究發展。

一代勝過一代

　　中國站上世界舞台,幾乎應該不會讓人訝異,如果中國的新公司信心這麼堅強、這麼奮發向上,讓你覺得驚訝,原因可能是中國在貿易和發明方面,有著極為豐富的經驗。談到商業,你可以說,地球上沒有一個地方的商業歷史比中國悠久,就像中國一句重要諺語說的一樣,千百年來,中國人似乎一直希望確保「一代勝過一代。」

　　我跟中國人在一起時,無論是跟自命不凡的經濟學家、還是跟謙虛自抑的商人在一起,總是聽到他們不斷提起古代朝廷的模範、遠古詩人的教訓、千百年來軍事策略

的告誡意味。雖然中國快速進入未來，中國的過去仍然栩栩如生。從遠古到現在的大部分時間裡，中國是發明和商業重鎮，擁有最先進的文明。即使是到了16世紀，歐洲探險家率先踏上新大陸，在美洲發現的白銀中，有一半以上流到中國，作為和中國貿易的價款。只有過去兩百年裡，中國才變成東亞病夫。就像中國人口在很多期間裡占世界人口三分之一一樣，中國的經濟地位至少在人類史上的三分之一時間裡，一直高高在上。

我像大部分遊客一樣，是在一度是世界最大城市古都西安郊外的兵馬俑地宮裡，第一次了解中國的生產能力。遊客在這裡可以看到超過8,000個跟真人一樣大小的陶俑大軍，陶俑大軍分布在16萬平方英尺上，全都是在公元前二個世紀的38年間生產出來的，為的是保護死後的秦始皇。這裡真正是壯觀之至的世界第一條生產線！一位農民在1974年無意間發現這個奇景，始皇陵的很多部分還沒有開放，考古學家還繼續在發掘。始皇陵就像印度泰姬瑪哈陵一樣，沒有任何描述或照片能夠讓你做好準備，能夠在親眼看到這麼輝煌的人類成就時不深深動容，中國的歷史、中國的潛力也一樣。

北京人留下長長的影子，中國可能不是世界上最古

老的文明，卻可以自豪地宣稱是維持最久的文明。印度河與尼羅河流域的文化記錄可能比黃河流域還早，但是稻米栽培的證據和明顯可見的「中國」藝術，大約可以回溯到7,000年前。今天沒有人能夠使用象形文字或說拉丁文，但是中國的文字從那個時候開始進展，到今天仍然還在使用。中國人說中國的歷史有5,000年時，可能有點吹噓，大部分考古學家認定中國的歷史可以回溯到4,000多年前。

埃及艷后克麗歐佩特拉（Cleopatra）為了控制埃及，努力和後來成為羅馬第一位皇帝的凱撒（Julius Caesar）建立關係時，漢朝早已統一中國（西元前206年至西元220年）。中國和西方廣泛貿易：克麗歐佩特拉本人就珍愛中國的絲綢長袍。漢朝和羅馬兩個帝國全盛時期，征服的領土大致相同。羅馬人統治很多不同的民族，漢朝統治了400年的社會採用共同的文字，崇奉孔子以儒家思想為基礎的治國之道，作為立國的根本。

歐洲淪落在所謂的黑暗時代時，科學和經典學習遭到排斥，取而代之的是心態狹隘的神權統治，中國卻繼續發展和創新，經歷了唐、宋、元三個輝煌的朝代。你可以說，西方世界還困在小學時，中國已經大學畢業。

　　有些歷史學家認為，唐朝是人類文明史上最輝煌的時期。唐朝全盛時期，中國毫無疑問的是世界上最富裕、最「現代」的國家。條條大路通長安（今天的西安），長安不但是京城，也是地球上人口最多的城市，唐朝的書法、哲學和政治思想影響日本、韓國和中亞。唐朝上層階級的歷史記錄顯示：有些人的生活形態十分富裕；女性擁有離婚權和財產權；紙張和雕版印刷也是這個時期發明的。宋朝的文學和瓷器工藝登峰造極。忽必烈建立的元朝推出紙鈔，物產、商店、市場與企業富饒之至，讓馬可波羅（Marco Polo）之流的遊客歎為觀止。元朝的統治極為有效，據說當時「穿金戴玉的少女在全國各地行走，都安全無虞。」明朝從西元1368年統治到1644年，大約跟歐洲的探險時代相符，事實上，這個時期的中國遠洋帆船，是哥倫布座船的四倍大，採用複雜的羅盤（中國人的另一項發明）。中國人的船舶早在歐洲人之前100年，就航行到非洲海岸，有人宣稱，這些船甚至到過美洲。但是中國人來去之間，從來沒有宣布占領土地，而且很快地就避免進一步的接觸，回歸停滯不前的孤立時期。

　　英國人來了以後，中國人只能割地賠款，承受鴉片廣為散布的流毒。西方發明了推動工業革命的各種機器，清

朝只能苟延殘喘，到1911年滅亡。學生和知識分子希望用科學的進步和人文價值，引導新中國。但是中國還要經歷20世紀剩下大部分時間裡的動亂，才能像拿破崙所警告的一樣，終於「醒來」。中國經歷了軍閥割據、日本侵略以及1949年共產黨獲勝的內戰，這一切對投資環境幾乎沒有好處。

目前有關中國革命領袖毛澤東的評斷比較受情感左右，比較不是依據事實，沒有人否認他犯了重大「錯誤」，連中國共產黨也不否認。他為了加速工業化，下令農民熔解生產用具，設法煉鋼；他強迫知識分子離開學校，接受勞改，浪費了中國最傑出和最聰明的人才。他發動多次變化不定的運動和整肅，進行思慮不周的一人管理，讓千百萬人挨餓受凍、遭到處決，而且幾乎使國家破產，枉費了中國幾十年來設立實業的根基。但是有人認為，中國共產政權提倡現代科學，為延後很久才開始的發展奠定基礎。有人說，毛澤東和他的徒眾建立的政權把集體意志和服從，強加在個人主動精神之上，但是中華人民共和國在有意和無意之間，讓老百姓從古老的宿命論和封建剝削中解放出來。這種新的心態相當意外地讓人民獲得信心，能夠在市場經濟體系中欣欣向榮，帶來今天中國的

繁榮。

1949年前，中國人已經管理鋼鐵廠和煤礦，也和華僑結合，建立了世界最活絡的進出口貿易網路，在40年的國家社會主義期間，中國人明顯的經商熱情並沒有受到多少打壓，只是暫時休息而已。

中國富強和統一後，中國大陸得到「大中華」的觀念支撐，但很少美國人了解這一點。首先是台灣，台灣目前是中國外來直接投資的第二大來源，僅次於香港。而台灣政府在2001年經發會後放寬對中國大陸的投資限制，成千上萬的台資企業湧進大陸，利用中國大陸比較低的生產及勞動成本。

1997年收回香港根本不是象徵性的行動，因為到2001年，香港在大陸的投資已經接近1,750億美元，逃離共產政權的上海人在香港建立的銀行與投資經驗，價值更是難以估計。連孤懸海外、由華人統治、力量強大的新加坡，和中國大陸都有密切而有利的關係。

而且中國還有一個最大的盟友，有一個沒有國界、中國人稱之為「海外僑胞」的國家支持。華僑是當年中國極為貧困、人民大舉遷移海外留下來的「產品」，估計世界上大約有6,500萬華僑（光是福建出身的華僑就有1,100萬

人）。他們離鄉背井，移民海外，目的不是為了向世界各國介紹餛飩湯。在2000年，估計華僑合計創造了450億美元的國內生產毛額，和澳洲之類的國家相比也不遑多讓。在東南亞國家尤其如此，屬於少數民族的華人掌控了經濟的一大部分，引發仇恨和殘暴的集體屠殺。泰國擁有最多華僑，華僑大約掌控了泰國85%的財富。華僑對馬來西亞、印尼與菲律賓的經濟，也有類似的掌控力量。這些人不只跟祖先的故鄉貿易，也把受過西方教育的子女連同資本與經驗送回去，協助建設祖先離開的國家。

除了這些優勢和資源之外，中國擁有的智慧資本也持續增加。中國文化一直最重視學習的特點很明顯；你只要像我一樣，到孔子的故鄉曲阜，就會發現廣大的土地上處處都是表揚傑出學者的石碑，就像其他社會表揚殘酷的軍人一樣，就會了解這一點。今天中國最優秀、最聰明的學生湧向世界各地的麻省理工學院和牛津大學。連中國本土每年從大學畢業的工程科系學生都超過40萬人，相形之下，日本為20萬人，印度為8萬人，美國為6萬人。因為中國白領勞工的教育程度日漸提高，英特爾與摩托羅拉之類的公司已經把研究設備遷移到中國，以便利用中國比較低的人力成本。發明火藥和印刷術的這個民族將來會在能

源、科技、甚至在外太空方面，尋找新的解決之道。

你可以說，中國還在從共黨時期的恐懼和組織化中復原，供應西方的產品仿冒的成分還太高。中國創新的引擎的確才剛剛開始加速，但是誰敢看壞最先發明手推車、馬鐙、馬勒、鑄鐵、鼓風爐、鞭炮、大炮、針灸、時鐘、風箏、扇子、紙牌、溜溜球、船舵、羅盤、天象儀與第一具螺旋槳原型的國家？

中國擁有眾多的人口和輝煌的過去，因此新創企業獲得另一種優勢，就是會定出宏大的雄心壯志。矽谷經理人定下成為加州最大公司的目標時，所說的目標市場人口比中國任何一省都少。對中國的經營階層來說，制定計畫時，考慮10萬員工或1億產量單位這樣的大數字，一點也不會害怕。

現在有很多中國人，像美國開始驚人擴張時移民美國的人一樣，一夕致富。四川成都有一個叫做鄧鴻的人，可以說是白手起家的典範，他年輕時跑到美國，希望賺大錢，卻只帶著50美元回到家鄉。今天這位房地產大亨蓋出亞洲最大的會議中心，四周圍繞著名符其實、從西藏移植過來的森林，會議廳堂可以容納5萬人。

同樣在成都，有個叫做樊建川的人在北方邊界當了

11年的窮士兵後，在房地產市場上賺到大錢，然後把驚人的財富回饋成都，建立了由23棟不同建築構成的樊建川博物聚落，這裡可能是世界上最大的私人展覽空間，將來要典藏他私人數量龐大的20世紀歷史工藝品。還記得「只有在美國才可能」這句話嗎？現在這種事情只有在中國才可能發生，現在只有在中國，你會找到擁有形形色色絢麗美夢的人。

世界其他地方總是注意中國發生的事情，而且一直受中國的情況影響，這不是中國第一次和西方交流，但是現在關係密切多了，中國的產能也遠遠超過過去，在通信與商業全球化的今天，中國明顯的優勢會放大，會為世界帶來驚人的福祉。

羅傑斯看中國：現代中國的五大發明家

分眾傳媒控股公司

那斯達克：FMCN

三年趨勢：獲利成長230.39%，營收成長630.2%

一位32歲的人想到在移動緩慢的電梯裡，懸掛電視螢幕時，只有在中國才可能發生的成功故事就此

展開。分眾傳媒急速成長，現在在整個中國的購物中心和機場等地方，擁有超過8.5萬個展示單位，9.97萬個海報框。分眾傳媒和上海50棟建築簽訂試驗合約後，現在自稱是中國「最大的戶外多平台生活形態媒體公司」。分眾傳媒2005年在美國掛牌，籌得1.27億美元後，開始併購對手，也打進網際網路廣告領域。

百度公司

那斯達克：BIDU，ADR

三年趨勢：獲利成長2,412.7%，營收成長613.4%

百度2000年才創立，是中國的Google、中國市場主要的搜尋引擎，最近的市場占有率高達62.1%，根據中國互聯網絡資訊中心的資料，近在2007年5月，百度擁有1.37億個用戶。百度計畫提供合乎中國人興趣的中文搜尋工具，也宣布進軍日本和越南的計畫。百度已經跟EMI合作，開始提供音樂服務，也和中國很多大學簽約，希望打敗Google，設立中國第一個線上圖書館。

德信無線公司

那斯達克：CNTF，ADR

三年趨勢：獲利成長735%，營收成長831.1%

　　德信無線在2002年創設，美國英特爾和高通（Qualcomm）都是這家電信公司的策略性投資夥伴。報導指出，德信員工中，高達90%是工程師，他們在世界上擁有最多手機的中國，專門從事手機設計、智慧型手機和軟體。這家公司也在歐洲銷售，而且和外國一些頂尖廠商如荷蘭飛利浦（Philips）和日本恩益禧（NEC），結成夥伴關係。

尚德太陽能電力控股公司

紐約證交所：STP，ADR

三年趨勢：獲利成長476.9%，營收成長602.2%

　　中國迅速成為世界太陽能科技製造與應用的領導國家，對此我在後面會深入討論。尚德在2001年由一位著名的太陽能電池研究專家創立，已經變成世界十大太陽能電池廠商之一。尚德也生產相關的「綠色」科技，說到北京的「綠色」奧運，尚德會為很多體育館供應能源。

阿里巴巴集團

未上市，計畫在香港掛牌

三年趨勢：獲利與營收沒有公開揭露

英語教師馬雲創立阿里巴巴時，是為了替尋找海外買主的中國小型製造商，設立企業對企業的電子商務平台。阿里巴巴得到私募基金若干回合的投資後，成長為多平台電子商務公司，旗下企業包括類似電子灣（eBay）、在中國排名第一的線上拍賣網站淘寶網，以及類似付款寶（PayPal）的第三人線上付款系統支付寶。因為很多中國人還沒有信用卡，支付寶業務興隆，成為確保所購買的貨品一定會送達的保證系統。美國雅虎公司（Yahoo!）付出10億美元，取得阿里巴巴40%的股權，阿里巴巴則接管出問題的中國雅虎子公司。

追求金元

有這麼多以悠久傳統為基礎、30年前只是一些紅衛兵腦中靈光的公司，你要怎麼選擇？

如果說中國的企業經理人可以利用悠久的傳統，活在

新千禧年的這些人也有年輕的眼光。中國企業習於在最基本的情況下運作，現在可以看出國內市場的成長潛力，甚至可以掌握西方企業集團可能認為「落後」的非洲、南美洲等市場的商機。同理，國內企業有時候可能比較能夠適應本地的品味。1999年，買下IBM個人電腦部門的中國電腦廠商聯想生產一台家用電腦，意外地在農村地區大受歡迎，大家認為這台電腦的紅色外觀和叫做「天禧」的名稱代表吉利，很多父親買來送給女兒當嫁妝。

然而，我仍然認為，認定中國企業擁有某種天生的優勢，是相當危險又天真的看法。很多外國公司已經證明，要在中國市場中成功，不見得要採用儒家觀點。2002年時，有人寫了一本書，說中國對通用汽車和其他外國投資人而言，好比會變成噩夢的幻想，三年後，通用申報在中國銷售的車輛比上年成長35%，增為66萬5,390輛，通用現在在中國賺到的錢超過北美洲。西方企業相當努力地打進世界各地的很多市場，在中國也是這樣。有些人預測，中國人的胃不能忍受乳糖，絕對不會接受比薩餅上那麼多的乳酪，但是你去跟必勝客（Pizza Hut）這樣說說看！

企業是否從無效率的國有企業蛻變而來，也並非總是

有很大的關係。美國人特別容易輕率地斷定民營是比較好的方式，然而就算是在歐洲，政府在很多攸關國家繁榮的公司中，仍然持有象徵性的「黃金股」，對這些公司有很大的影響力。十年前，國有企業對中國國內生產毛額的貢獻降到10%，現在已經回升到20%。事實上，2006年內，159家由政府監督的國有企業獲利創下空前新高，達到923億美元。

解放軍的很多部門已經分散投資，打進從矽晶片到夜總會之類的眾多行業，你在政府部會中，會找到一些最精明的經理人。雖然任用親信和依據資歷擢升過去是經營事業的正常方式，監督國有企業的政府部會一直積極招募傑出的年輕經理人，例如在前面提到的中國鋁業和神華能源就是善於選才的好例子。

同時，你必須深入研究獲利報表，才能判定一家公司是不是已經搖搖欲墜，是不是經營沒有競爭力的事業，得靠著國家的支持才能維持下去。有些國家主導的企業十分腐敗，是任用私人的溫床，有些國有企業活力十足，地位優越。你要超越大門上響亮的名稱，判斷營收是否停滯不前、產品是否有驚人的需求。

首先你要檢討整個產業，下文我會強調，農業、旅遊

業、水資源業和若干服務業可能擁有龐大的優勢，很有機會熬過衰退或泡沫。中國在2001年加入世界貿易組織，表示外國公司更容易打進中國市場，高得可怕的保護性關稅會降低，從事銀行、零售和網路服務等比較新穎行業的本地企業，會面臨外國企業比較嚴厲的挑戰。但是獲利最豐厚的一些產業，如消費產品、電子產品和電信業，幾乎不會受到什麼影響。

中國已經有很多公司取得主導地位，不過今天的激烈競爭會淘汰更多產業龍頭。就像在世界任何地方一樣，在中國針對下列問題找出答案會很有用：公司是否債台高築？獲利率是否相當高？成長是否相當快速？經營階層是否有追求成功的強烈誘因（例如是否擁有龐大的股權或認股權）？是否碰到強大的競爭，是不是主導廠商？是產業龍頭還是苦苦追趕？市場是否成長──例如是iPod生產廠商，而不是生產馬蹄鐵？生產寶馬汽車（BMW）而不是生產自行車？

尋找中國品牌有點像上超級市場，不論你是到沃爾瑪、還是到中國零售龍頭聯華的店裡，都要仔細地看標籤、查對特點，最重要的是，要熟悉貨架上的一切東西。

第四章

能源並非都是黑漆漆

如果說中國是一家大企業，你必須承認這家企業的基本面看來相當好。這個共產國家有很多資本，可以用來擴張或投資。中國經過很多年努力，創造十分驚人的有利貿易收支後，已經超越日本，變成擁有最多外匯存底的國家。中國40%的產品輸出，可沒有被龐大的外債拖垮。中國跟美國不同，美國社會上的大部分人靠著借錢過日子，只為將來儲蓄2%，中國靠著自己的資金、靠著超過35%的高儲蓄率，重建國家，強化金融機構與這些機構的資本基礎。

中國和外國夥伴合作，根據最高的標準，創造固定資產，20年來，中國的道路、橋樑和港口每隔兩年半增加一倍。近年來，中國生產的照相機占世界總產量的一半，冷氣機和電視機占世界總產量的30%，紡織品和玩具所占

的比率更高，在歐洲市場銷售的微波爐中，十台裡有四台甚至是由中國一家公司生產。

然而，所有這些產能都需要能源推動，在中國這座世界工廠蛻變成世界強權後，首先必須評估和考慮投資的最重要領域當然是電力部門。我們投入中國驚人的成長曲線之際，也必須像中國領袖一樣，面對供應的限制和日漸嚴重的環保問題。事實上，中國人的世紀如何展開，可能是這個註定要崛起的大國，在提供地球眾多投資機會之際，必須重新思考能源、策略和過時的工業力量觀念、協助拯救地球的故事。

能源需求大幅成長

中國就像發育期的青少年為了急速成長而大吃特吃一樣，拚命地消費能源，中國過去習於從煤炭和原油之類傳統燃料中，取得所需要的能源。但是近年來，中國開始注意到，過度的汙染和沒有效率的能源配送與使用方式，已使自己不堪重負。世界商品價格飛躍上漲，也迫使習於利用廉價、骯髒能源的中國改弦易轍，從水力、核能、風力和太陽能中，得到更多的電力。

　　因此在未來的歲月裡，值得注意的不只是石油期貨市場而已，也包括提供核能電廠興建技術的國際公司、國內的煤礦公司、以至從事太陽能發電與風力渦輪機業務的年輕新創企業。

　　上海的第一座發電廠是在1882年，由一位英國投資人籌資興建的，但是中國人一直要到1949年共產黨建國後，才開始興建全國性的電力系統。1978年前，中國政府透過國家中央計畫，提供電力。（同樣的，美國在1930年代，利用政府的管制，促進農村地區的低成本供電，甚至到了今天，發電仍然是受到嚴格管制的產業。）1979年時，中國農村家庭中，大約40%沒有電力可用；到2005年，估計98%的鄉村已經電氣化，這一年裡，中國成為世界第二大電力消費國。

　　1980年代中期，中國經濟成長開始超越停滯不前的社會主義軀殼，缺電變得極為嚴重，以至於工廠的生產線每星期要停工四天，情況嚴重到迫使政府努力推動電力業的分權。雖然政府宣稱中國推動中央計畫經濟，到1990年代結束時，中央政府掌控的發電容量已經不到50%。

　　政府也開始容許過去嚴格控制的電價有限度地自由化。但是中國能源業的分水嶺在2002年出現，這一年

裡，中國政府解散國家電力公司，把公司資產重新分配給
五家省級公司，這五家公司後來變成著名的「五大電力公
司」，包括中國大唐電力、中國電力投資、華能集團、國
電集團、華電集團（這些集團的一些子公司名字略有不
同，列在後面的「羅傑斯看中國」裡）。

　　這是中國發電廠、輸配電力業者第一次變成有彈性、
獨立和具有競爭性的實體。此外，超過50家部分國有或
獨立的發電廠和他們激烈競爭，導致盈餘增加、需求成
長、電價下跌與供電大幅增加。這項改革也在無意之間，
讓個人可以購買這些公司的股票，從政府巨額投資與用電
戶眾多中受惠。

　　同時，政府逐漸關閉沒有效率、卻又耗用極多電力
的國有工廠，隨著電力需求減少，政府下令停止新建發電
廠。這項禁令在2002年1月撤銷，因為政府發現，這個短
視的政策沒有預料到迅速成長帶來的能源需求。2003年
內，總發電容量增加8%，電力需求卻增加15%以上。為
了避免停電和電價暴漲，政府被迫輪流供電，同時拚命增
加發電容量，批准幾十項新電力計畫。然而，2004年裡，
31個省區中的20個仍然碰到定期性的缺電，2005年時，
25個省區加入自動輪流供電措施，但是2005年後，需要

這種措施的省區變得很少。現在中國主管官署比較擔心供電過剩（有些人認為這種想法荒唐，認為主管機關的憂慮完全是根據預測而來）。為了因應煤炭成本飛躍上漲，電價管制在2005年大致解除，過去遙遠的農村居民必須付出遠高於城市居民的電價，從2004年起，城鄉電力成本大致拉平，使農村地區的電力需求更是大增，把很多新產業、住宅與城市照明需求加上去，問題就出現了。國際能源署（International Energy Agency, IEA）估計，2001到2030年間，中國需要投資將近2兆美元，建設電力基礎設施，大約等於世界電力投資總額的五分之一。

然而，發電所需燃料的比率正在快速變化，因此必須密切注意。中國雖然沒有龐大的石油或天然氣蘊藏，大自然卻賜給中國豐富的煤炭蘊藏。我第一次到中國時，中國每一個城市的天空都是灰濛濛的，煤灰快速進入我的肺部，讓我劇烈咳嗽。大部分家庭現在還在燒煤取暖，我可以看到很多人騎著自行車載煤。2003年內，中國消耗了15.3億短噸的煤（編注：1短噸為907.185公斤），占世界總消費量的28%。根據估計，中國總共擁有大約1,262億短噸可以開採的煤礦蘊藏，大約可以供應60年的需求。雖然中國急於增加核能發電與水力發電容量，煤炭仍然占

發電燃料的70%，而且日增的需求可望抵消其他能源的應
用，因此煤炭會繼續占到60%以上；美國的燃煤發電比
率超過50%。

2006年內，中國生產的電力達到2.834兆瓩小時，
年成長13.5%，其中2.357兆瓩來自火力發電，水力發電
只占4,166億瓩，中國在2007年第一季，首次變成煤炭
淨進口國。在中國需求的領導下，煤炭價格繼續上漲，
2006年內，標準普爾煤炭與消費燃料指數（S&P Coal and
Consumable Fuels Index）漲幅超過標準普爾500指數（S&P
500 Index）。

但是，根據2006年通過、涵蓋2007到2012的第11個
五年規劃，中國希望在2010年前，把煤炭的用量減少五
億六千萬噸。政府已經下令大型與中型燃煤火力發電廠裝
設脫硫設備，而且開始關閉比較小的發電廠，以便限制汙
染。換句話說，能源大餅成長之際，煤炭所占的比率可能
縮小，取而代之的是比較乾淨的燃料，因此目前投資煤礦
業者可能有道理，不過租稅政策和節省能源的問題仍然是
影響長期的因素。隨著大家日漸關心環保，乾淨的燃煤發
電科技應該也是值得注意的領域。

到2004年為止，外國人在中國煤炭業的投資只有2億

美元,最近陝西省標售三座煤礦,因為競標的主要是外國公司而廢標。但是中國為了加速現有煤礦的現代化與環保問題改善,對於外國人投資煤礦部門,已經變得越來越開放。

雖然中國的石油與天然氣蘊藏不足,龐大的煤礦蘊藏卻可以確保中國繼續成長。很多已開發國家因為依賴石油,而不是依賴煤礦,會碰到能源短缺和價格高漲的問題,這是從長期策略性基礎,考慮中國及其優勢地位的另一個原因。

 羅傑斯看中國:大發利市

華電國際(華電國際電力公司)
上證:600027,A股;香港證交所:1071,H股;OTC:HPIFF
三年趨勢:獲利成長26.8%,營收成長48.7%

　　五大電力集團中,大部分集團都獲准讓多家旗下公司上市,以便籌募資金。華電是山東省最大的電力公司,但是為了配合附近的煤炭來源,也在另外四省經營。

A Bull in China

大唐發電（大唐國際發電公司）

上證：601991，A股；香港證交所：0991，H股；OTC：DIPGY

三年趨勢：獲利成長30.6%，營收成長82.8%

　　大唐早在1997年就掛牌上市，旗下管理20家區域性發電公司，也投資水力發電、核能發電與風力發電。雖然大唐有五座發電廠因為環保整頓問題而關閉，股價卻繼續上漲。

中國電力（中國電力國際發展公司）

香港證交所：2380，H股；OTC：CPWIF

三年趨勢：獲利成長10.5%，營收成長55.2%

　　這家大公司經營華東的九座發電廠，而且持續收購競爭對手的股權。中國電力的執行長李小琳值得注意，她是雄心勃勃的女性，她從清華大學畢業後，從基層工程師做起，開始不斷擢升。

國電電力（國電電力發展公司）

上證：600795，A股

三年趨勢：獲利成長19.6%，營收成長70.7%

和五大電力集團競爭的五十多家較小規模發電業者當中，有些是國有企業，有些是獨立經營的企業，國電電力發展是能夠創造成長的公司之一。

開灤股份（開灤精煤公司）

上證：600997，A股

三年趨勢：獲利成長73.1%，營收成長103.6%

開灤精煤和前章提到的神華能源一樣，是中國十大煤礦業者中的佼佼者，最新的統計顯示，開灤精煤93%的產出在國內市場銷售。

伊泰B股（內蒙古伊泰煤炭公司）

上證：900948，B股

三年趨勢：獲利成長102.6%，營收成長41.6%

伊泰煤炭在中國內蒙自治區遙遠的大草原中致力生產，對外國投資人來說，這家公司可能引發浪漫的想法，也會想到該公司沒有什麼具有競爭力的區域性業者。

兗州煤業（兗州煤業公司）

上證：600188，A股；香港證交所：1171，H股；紐約證交所：YZC，ADR；OTC：YZCHF

三年趨勢：獲利衰退35.4%，營收成長8.3%

　　兗州煤業經營六大煤礦，部分產品輸往日本和韓國。公司把虧損歸咎於煤價下降和澳洲的礦業子公司虧損。

柳工（廣西柳工機械公司）

深證：000528，A股

三年趨勢：獲利成長46.3%，營收成長47.7%

　　礦業設備廠商也隨著煤業熱潮水漲船高，因為挖土機、油壓輔助系統和表面裝甲的輸送帶需求大增。中國大約90%的煤礦用國產機械開採。廣西柳工也從國際銷售創造營收。

山推股份（山推工程機械公司）

深證：000680，A股

三年趨勢：獲利成長160.8%，營收成長80.8%

　　山推擁有六大子公司，經營若干礦業業務。

全球歡樂公司（Joy Global Inc.）

那斯達克：JOYG

三年趨勢：獲利成長652.7%，營收成長67.7%

　　國際採煤機械出口中，三分之二銷往中國，這家
密爾瓦基的公司是受益者之一。

英格索蘭德公司（Ingersoll-Rand Co., Ltd.）

紐約證交所：IR

三年趨勢：獲利衰退15.3%，營收成長21.5%

　　這家國際大廠在中國擁有龐大的業務，供應從能
源到保全系統的眾多工業科技產品，但是也提供「小
山貓」車輛與建築機械。

比塞洛思國際公司（Bucyrus International, Inc.）

那斯達克：BUCY

三年趨勢：獲利成長1,056.2%，營收成長62.5%

　　這家公司也設在威斯康辛州，主要生產露天採礦
機械。

石油需求量迸發

當然還有另一種黑色的物資，對中國的前途更重要。
從中東到拉丁美洲，從非洲之角到前蘇聯共和國，中國公
司接受派遣，用不太掩飾的方式，追求經濟利益與外交關
係，目的是要爭取石油。俄羅斯和中國政府定期聚會，討
論興建輸送管線的可能性，以便從西伯利亞對中國增加油
氣出口。從中亞通往中國的輸送管線計畫更具有爭議性，
已經規劃了十年；委內瑞拉總統查維茲（Hugo Chavez）
正採取進一步的行動，希望把委內瑞拉龐大的蘊藏，供給
中國運用，作為嘲笑美國的方式。就像石油輸出國組織
（OPEC）創立影響地球上每一個國家好幾十年一樣，中國
的石油需求會改寫世界政治版圖。

　　從1992年到現在，中國的石油消費已經增加不只一
倍，根據國際能源署的資料，中國每天消耗的石油超過
540萬桶，現在只占世界石油消費量的8%，卻大約占新
千禧年前4年消費成長的40%。如果這種需求像1990年起
一樣，以每年平均成長6到7%的速度繼續成長，中國的
需求會在20年內，追上美國目前的消費水準，達到每天
消費2,100萬桶。

　　談到耗用石油，中國其實才剛剛開始學步而已。這點看來可能希望無窮，也可能讓人害怕（要看你是否在石油公司工作或投資石油而定）。到2005年，中國的石油總消費量仍然只有美國的三分之一而已，是世界第三大消費地區，遙遙落在美國和歐盟之後。以每人每天消費的石油來說，中國只排名世界第136名，日本排名32，南韓排名31，每人每天消費的石油數量是中國的10倍。

　　除非中國最近的大發現開採成功，否則中國已經證實的石油蘊藏大約為183億桶，不到五年的供應量，中國現在急於跟富藏石油的國家如沙烏地阿拉伯和俄羅斯、企業與個人結盟。

　　2004年內，中國針對外國石油公司與其他商品公司，展開一系列的海外併購行動。光是過去十年內，中國國有企業大約動用了50億美元，購買國外油田與天然氣田，中國現在擁有超過1兆美元的外匯存底，將來中國會有能力、而且樂於在這方面動用更多的資金。

　　中國在1998年推動整頓和民營化後，成立了三家大石油與天然氣公司，這三家公司的主導力量遠遠超過電力公司，幾乎壟斷中國所有的煉油與天然氣產能。這些過去的國有企業也比發電業的關係更密切，公司的高級主管實

際上會互相調動。中國石油天然氣集團總公司（中石油）是亞洲最大的原油和天然氣生產商，也是中國最大的天然氣輸運與銷售業者，還是中國第二大化學產品廠商。中石油創立之初，原本是為了服務中國北方和西部，但是這種地理區的規定現在已經不是限制，只是準則而已。這些垂直整合的公司會從日增的需求、訂價能力和彼此之間的關係中受惠。

中國石油化工集團公司也叫中石化，中石化比較積極進取，從事石油化學、纖維與化學肥料的生產。最後一家是中國海洋石油總公司（中海油），所生產的原油占中國自產原油的10%以上。目前是唯一獲准跟外國石油與天然氣公司，在中國海岸進行探勘與生產的公司，中海油已經建立了積極併購的名聲，爭取到印尼、澳洲、中亞和非洲的石油權益。2005年，中海油出價185億美元，併購加州聯合石油公司（UNOCAL，也叫尤尼科），變成喧騰一時的重要新聞。在美國國會表達激烈的反對後，中海油有點震驚地放棄併購，如果他們不能指望把美國當成自由市場的模範，還能夠指望哪一個國家？

這三家公司對中國經濟都發揮重大的影響，2000到2002年間，三家公司都推動極為成功的初次公開發行，

籌得數十億美元的外國資金。雖然三大石油公司投資海外石油備受重視，而且引發諸多爭議，但是到2005年中，三大石油公司進口的石油總量仍然遠低於每天30萬桶，和中國每天進口的350萬桶相比，所占的比率還是很低。中國雖然努力分散供應來源，進口的石油中，大約一半來自中東，沙烏地阿拉伯就占了17%。

　　中國官方從2005年開始建立1億桶的國家戰略存油，作為發生全球能源危機時中國的生命線，但是這樣的緊急供應根本不夠（不到全國一個月的消耗量）。煉油業者是中國管理最好的企業，各家石油公司不斷裁撤很多不賺錢的附屬業務，也持續推動裁員，因為石油公司和中國很多其他國有企業一樣，都有用人浮濫的問題。

　　有些投資人可能認為，持有能夠從中國成長中獲利的國際石油公司就夠了，但是投資人必須了解，這些公司要仰賴中國公司，才能在中國站定腳跟。雖然殼牌石油（Shell）設立了海洋鑽探公司，埃克森美孚（ExxonMobil）投資橫貫亞洲的輸油管線，中國政府和世界和所有其他國家政府一樣，還是偏愛本國石油公司。

　　英國石油（BP）、埃克森美孚和殼牌這三大全球公司都希望跟中石油、中石化兩家公司合作，打進中國的零售

市場。中國公司和外國公司建立合資企業時，都訂出極為有利的條件。中海油有權取得任何外國夥伴在中國沿海所發現石油的51%。

分析師也擔心中國政府會繼續人為壓低石油價格，因為價格管制的關係，中國的汽油價格和美國一樣，在世界石油進口國家中堪稱最低，和稅賦嚴重抬高油價的歐洲相比，大約只有歐洲的三分之一。然而，中國政府已經表示樂於讓汽油零售價格上漲，以便管制石油的使用，協助中國的石油公司維持獲利。

2005年上半年，中國政府大為驚駭地發現，因為國內與世界油價的差距擴大，中國的石油公司提高若干油品、尤其是柴油的出口數量，從世界市場較高的油品價格中獲利。連共黨政府都承認實現的利潤很高。因此政府的反應是在2005到2006年間，容許汽油與油品零售價格上漲，最後中國政府會取消油價補貼。

有一件事情可以確定，中國淨出口原油的日子已經結束，中國因為需要進口數量龐大的石油，會成為國際石油市場中的決定性角色：中國饑渴時，油價會上漲，中國吃飽打嗝時，石油市場也會跟著打嗝（油價下跌）。

羅傑斯看中國：石油股看好

中國石油股份（中國石油天然氣公司）

香港證交所：0857，H股；紐約證交所PTR，ADR；OTC：
PCCYF

三年趨勢：獲利成長38.8%，營收成長73.4%

　　中國的大石油公司都發行大量股票，中國石油
天然氣年度報酬率超過26%，經常成為共同基金的
持股，最大外國股東包括英國石油阿莫科公司（BP
Amoco）與波克夏公司（Berkshire Hathaway）。

　　中國石油天然氣在2006年「富比世2,000大公司」
排行榜中，是中國最大的企業，也是世界第55大企
業。有人認為中國石油天然氣還可以更上一層樓：
2007年3月，該公司報告發現過去33年來亞洲所發
現的最大海域油田。

CNPC（HONG KONG）〔中國（香港）石油公司〕

香港證交所：0135，H股

三年趨勢：獲利成長155.8%，營收成長53.7%

　　中石油已經取得亞塞拜然、加拿大、哈薩克、委

內瑞拉、蘇丹、印尼、伊拉克與伊朗的石油特許權。
雖然大尼羅河石油作業公司（Greater Nile Petroleum
Operating Company）籠罩在不利的新聞報導陰影中
（有人堅稱中石油間接資助蘇丹的種族屠殺），中石
油擁有股權的這家蘇丹石油公司從1999年起，開始
對中國出口石油。（但是沒有確實的證據顯示這家公
司資助種族屠殺，美國億萬富翁巴菲特在批准投資中
石油的股東年會中指出，中石油不是這家公司的母公
司，而是透過子公司擁有股權。）中石油也設立了多
家鑽探服務與地質調查子公司，計畫讓這些公司在國
際上掛牌，出脫股權。

中國石化（中國石油化工公司）

上證：600028，A股；香港證交所：0386，H股；紐約證
交所：SNP，ADR

三年趨勢：獲利成長32.6%，營收成長74.9%

　　中石化是中國最大的油品生產與行銷廠商，產
品包括汽渦輪機燃料油、柴油、噴射燃料油、化學纖
維與化學肥料，化學肥料大約占中石化營收的三分之
一。雖然中石化設立時，目標是以服務華南地區為

主，現在的規模已經擴大到全國，中石化也開始購買
海外石油資產，最成功的案子是開發伊朗雅達華蘭
（Yadavaran）油田，這個油田最後可能日產30萬桶
原油。中石化也在加拿大，購買北方光芒（Northern
Lights）油頁岩計畫的40%股權。

中國海洋石油（中國海洋石油公司）
香港證交所：0883，H股；紐約證交所：CEO，ADR
三年趨勢：獲利成長91.6%，營收成長61.1%

中海油在2005年時，試圖併購擁有大量東南亞
石油蘊藏的美國第六大石油公司加州聯合石油，遭到
美國國會阻止，卻協助中海油站上全球舞台。中海油
在1980年代中期創立，當時中國首次開放國家石油
蘊藏的探勘，中海油可以獲得所有發現的一半。

中海油田服務（中海油田服務公司）
香港證交所：2883，H股；OTC：CHOLF，CHOLY
三年趨勢：獲利成長60.8%，營收成長66.4%

是中海油旗下值得注意的獨立油田服務公司，也
計畫在上海上市。

創造替代性能源

提到中國，大部分人會想到噴出溫室氣體的煙囪、骯髒的河流和天空以及世界上的一個黑點。但事實上，中國早在開始鼓吹北京「綠色」奧運前，就想到清潔環境。

2005年2月，中國政府通過法律，規定2020年前，中國應用的能源中，必須有10%是再生能源。此外，中國的再生能源法在2006年1月生效，規定大型省級電力公司至少必須和一家風力發電公司簽約，購買風力發電公司所產生的所有能源。政府也計畫在未來15年內，光是在再生能源方面，就要耗費2,000億美元。這些行動不只是象徵性的努力而已，誠如路透社在2006年7月所報導的一樣：「這些錢可以買下一家像雪弗龍（Chevron）一樣大小的石油公司，還有零錢剩下來，足夠支付歐洲所有大石油公司現有再生能源計畫未來25年的經費。」隨著降低全球暖化的壓力升高，煤炭蘊藏必須更長途輸運，核能發電會變成比較乾淨、最後會變成比較便宜的選擇。2006年時，中國裝置的核能發電容量達到5億841瓩，比2005年增加14.9%，但是核能發電只占總發電容量的4%。今天世界核能發電供應的電力大約占16%，但是世界441座商

用核能反應爐中，將近80%的使用期限超過15年，為了維持核能發電在整體能源供應中的地位，必須用新反應爐取代除役的反應爐。中國目前營運中的反應爐有10座，至少有4座正在興建，而且計畫在2020年前，再增建25座核能發電廠。

水力發電計畫在中國計畫降低對煤炭和石油依賴的計畫中，也扮演重要的角色。全世界水力發電廠每天生產的電力等於440萬桶石油。目前和預測中的油價都會居高不下，使水力發電變成更為重要的能源，對於中國之類進口石油的開發中國家尤其如此。中國政府希望把水力發電產量提高40%，以便在2020年前，使再生能源的供應占到能源總需求的16%。

令人驚異的是，因為從遠古到現代，中國都十分希望控制氾濫的河流與土地的灌溉，水力發電在中國還有很大的發展空間。但是如果還有人懷疑中國對能源需求和基礎建設的決心，具有爭議性的三峽大壩工程或許會改變他們的想法。三峽大壩倡議已久，實際上從1954年就開始積極規劃，是歷史上耗費最驚人的單一建設計畫。

從中國民主革命先驅孫中山的時代開始，在長江上興建大壩，以便控制洪水、利用水力發電的構想，一直是好

幾代中國人的夢想。中外科學家和工程師從1954年起，就投入大壩計畫的規劃、設計與諮詢。工程從1994年開始，水庫在2003年6月1日開始注水。結構工程在2006年5月20日完工，比計畫提早九個月。然而，還有很多座發電機還沒有裝置，三峽大壩要到2009年左右，才會充分運作。

要創造這番成就，在人民和環境方面一定要付出成本。三峽大壩工程遷徙了190萬人，摧毀了自然與考古奇觀，而且可能造成更多的問題。可以確定的是，三峽大壩會變成世界最大的水力發電廠和水庫，鋼骨水泥壩體長達1.2英里，形成370英里長、525英尺深的水庫，產生的能源是15座核能電廠的能源，也是世界最大的水庫發電廠，比美國的胡佛水庫（Hoover Dam）大5倍以上。

中國在比較沒有大肆宣揚的情況下，推動了另一個大型水力發電計畫，在黃河上游，興建了一系列的水庫。人口3,700萬的陝西、人口500萬的青海和人口2,600萬的甘肅合作創設了黃河水電發展公司，計畫最後要興建25座發電站。目前黃河水電發展公司還沒有公開上市，也沒有跡象顯示這家公司打算在公開市場上籌募資金。

我最近幾次訪問中國時，在上海舊法國租界（過去外

國勢力控制的地方）的很多莊嚴的老房子屋頂上，注意到一些奇怪的裝置。起初我以為這些設備是某種外加的地位象徵，然後才想到，這些東西一定是太陽能板。後來我發現，利用太陽能電力的家電設備已經在中國掀起熱潮，今天中國每人利用的家庭太陽能超過世界上任何一個國家。

在中國城市和鄉村都一樣，利用太陽能把水加熱，比利用任何其他能源還經濟，這點幾乎在一夜之間，創造出一項龐大的產業，這個產業到2005年時，雇用的員工達到80萬人，創造了19億美元的產值。然而，使用太陽能熱水器的家庭占總戶數的比率還不到8%，因此對於提供這種新科技的公司來說，還有很大的成長空間，在不動產興建熱潮中尤其如此。

上海市政府已經推動30個計畫，希望整合都市基礎建設和太陽能，上海市現在保證要裝置10萬個太陽能板，江蘇省要另外裝設5萬個。北京已經宣布要建設一條「太陽能街」，街上的建築、燈光和其他設備完全都要使用太陽能，奧運籌備官員打算在2008年的奧運場址上，採用太陽能發電機。

中國在這方面也擁有天然優勢，中國三分之二的土地每年的日照時間超過2,000小時，比同緯度的很多其他地

區，包括日本和歐洲都多。為了配合開發大西部更多鄉村地區的發展計畫，政府已經投資2.41億美元，在西部農村地區的城鎮上，興建太陽能發電廠。

前面我提過，中國政府也極力鼓勵風力發電部門，把風場的稅率減半，同樣的，也把風力發電機的進口關稅從12%降為6%。因此超過30家電力公司，包括五大電力集團在內，都在中國興建風場，總投資超過12.4億美元。

近年來，中國的風力發電容量迅速增加，因為中國西部的沙漠廣大，從西伯利亞吹來的氣流又很強勁，中國在這方面也有很大的潛力。到2005年下半年，中國已經裝置了1,864個風力發電機，總發電容量達到127萬瓩，但是2006年風力發電容量增加一倍，風場從61座增加為92座，目前中國只利用風力發電潛能的千分之一，光是為了達成目標，就需要再投資125億美元。隨著政府努力達成目標，在2020年前，把風力發電總裝置容量提高到3,000萬瓩，需求會繼續飛躍成長。如果中國的風力發電計畫如期展開，到時候，風力發電會取代水力發電，成為中國的第三大電力來源，甚至超越核能發電。

對中國公司更好的是，政府已經規定四分之三設備必須自製，可是目前自製率只有四分之一。投資風力發電

的方法之一是考慮投資生產風場所用發電機的公司。從
1990年代開始，歐洲主要發電機廠商因為受到歐盟國家
政府的補貼，在價格上一直都勝過中國的國產廠商，中國
的發電機廠商在科技和規模方面，仍然落後歐洲同業。如
果這些公司趕上來，可能成為世界風力發電部門獲利最高
的企業。比較廉價的替代產品應該會大幅提高中國風力發
電廠的獲利率。國內風力發電設備廠商和風力發電廠開始
在證券交易所掛牌時，投資人應該會感受到和風送暖。

　　中國決心在未來幾十年裡利用再生能源，會改變能源
消耗，刺激全世界的能源科技，投入這個部門的資金高得
驚人，你是否應該考慮改變投資組合？

 羅傑斯看中國：在中國的和風中飛揚

阿海琺公司（Areva）

歐洲證交所：004524；OTC：ARVCF

三年趨勢：獲利成長43.9%，營收衰退7.2%

　　　　國營中國核工業集團公司幾乎控制所有核能的
　　　發展，卻不是上市公司，但是每隔一段期間就會有
　　　報導指出，中國核工集團可能改組一些商用部門，

準備上市。因此投資人如果希望從核能擴張中得到一些次級的好處，必須注意供應中國核能科技與設備的外國公司。法國阿海琺公司在香港附近，替中國興建了第一座核能發電廠，計畫在中國大幅擴張業務。你也必須注意目前屬於日本東芝公司旗下的西屋公司（Westinghouse），東芝正在競標兩座成本高達70億美元的新核能電廠。

中核科技（中核蘇閥科技實業）

深證：000777，A股

三年趨勢：獲利成長94.3%，營收成長20.1%

中核科技是中國核能電廠所用閥門的主要生產廠商，也是中核集團旗下唯一上市的公司。

USEC 公司

紐約證交所：USU

三年趨勢：獲利成長365.6%，營收成長30.4%

很多公司可能從中國日增的鈾原料需求中獲利，美國這家礦業與濃縮鈾公司是其中之一。加拿大生產世界鈾需求的三分之一，卡美可（Cameco）是其中一

家重要生產廠商。另外美國還有跟礦業有關的指數股票型基金（ETF），如S&P礦業金屬類股ETF「蜘蛛」（SPDR S&P Mining and Metals）掛牌，其中有一些鈾礦股。鈾資源公司（Uranium Participation Corporation）以ETF的方式，在多倫多證券交易所交易。

必和必拓公司（BHP Billiton Ltd.）

澳洲證交所：BHP，紐約證交所：BHP，BBL（ADR）；OTC：BHPBF

三年趨勢：獲利成長224.2%，營收成長40.5%

澳洲生產世界鈾原料的40%，必和必拓是澳洲主要生產廠商。澳洲剛剛同意從2010年以後，對中國輸出大量鈾原料，前提是鈾必須用在和平用途上。

東方電氣（東方電氣公司）

上證：600875，A股；香港證交所：1072，H股

三年趨勢：獲利成長213.6%，營收成長129%

東方電機專門製造大型發電機，股票報酬率一直都很高。

岷江水電（四川岷江水利電力公司）

上證：600131，A股

三年趨勢：獲利成長477.9%，營收成長86.5%

　　這家省級公司藏在五大電力集團下方，大力投資水力發電，表現優異。

長江電力（中國長江電力公司）

上證：600900，A股

三年趨勢：獲利成長19.1%，營收成長21.2%

　　對於具有歷史意識的投資人來說，投資長江電力是參與已經開始運轉的歷史性三峽大壩工程的方法。

艾波比（ABB）

紐約證交所：ABB，ADR（也在瑞士與瑞典證券交易所交易）

三年趨勢：獲利成長219.1%，營收成長21.2%

　　瑞士這家營建公司贏得三峽大壩工程3.9億美元的合約，2006年在中國締造28億美元的業務，公司希望競標水力發電工程，把在中國市場的營收增加一倍。

江蘇陽光（江蘇陽光公司）

上證：600220，A股

三年趨勢：獲利成長70.2%，營收成長17%

太陽能淘金潮已經展開，太陽能市場是中國競爭最激烈的市場之一。整個產業得到政府的支持，又有世界性需求的刺激，預期未來每年可以成長20到30%。要在每隔幾個月就出現十幾家公司的這個部門裡挑選，需要很多研究。我已經強調過尚德太陽能是中國的主要品牌，江蘇陽光原是一家紡織公司，因和一位擁有專利太陽能電池、自稱電力產出是現有產品2倍的教授合作，在太陽能電池方面大量投資，已經成為世界最大的太陽能電池廠商之一。

特利那太陽能（Trina Solar）

那斯達克：TSL

三年趨勢：從虧損37萬美元，蛻變為獲利1,317萬美元，營收增加278.3倍

特利那2006年公開上市後，股價很快就下跌，這家公司供應太陽能模組給很多家公司，尤其是德國公司，特利那也設計整體太陽能系統。江西賽維

LDK太陽能高科技公司是另一家新進廠商，本書出版時，這家公司應該已經在那斯達克股市上市，這家太陽能晶片廠商已經在澳洲雪梨和加州珊尼維爾（Sunnyvale）等地，設立了幾處海外研究發展中心。

東貝B股（黃石東貝電器公司）

上證：900956，B股

三年趨勢：獲利成長600.6%，營收成長90.4%

這家公司是主流電器廠商，以生產冰箱壓縮機聞名，也開始生產一系列太陽能電器。中國有3,000家公司生產太陽能熱水器，大部分廠商規模都很小，都沒有上市，不過像廣東五星太陽能公司、皇明太陽能集團公司和新華陽光科技公司之類的業者值得注意。

長源電力（國電長源電力公司）

深證：000966，A股

三年趨勢：獲利衰退10.4%，營收成長24.62倍

國電長源電力公司旗下的龍源電力公司，生產中國風力發電的46%。前面提到的大唐電力也投資風場。

瑞能系統公司（REpower Systems AG）

法蘭克福證交所：RPW

三年趨勢：從虧損1,320萬美元，蛻變為獲利970萬美元，營收成長53.1%

中國廠商仍然難以打進本國利潤豐厚的風力發電機產業。德國瑞能系統已經和東方汽輪機廠簽訂授權合約，東方汽輪機還沒有上市，是國有公司，設在中國西南部，占有本國發電機市場的30%。中國最大的汽輪機廠商金風科技也還沒有上市，也向瑞能購買設計，金風科技設在中國最西邊風力資源充足、卻沒有多少其他資源的烏魯木齊。

第五章
交通運輸：為成長鋪路

我第一次踏上中國的道路時，看到很多奇怪的景象，其中最奇怪的是我什麼東西都看不到。北京、上海和廣州這些人口上千萬的超大城市裡，沒有交通阻塞，因為路上沒有交通，事實上，大馬路上幾乎沒有私家汽車。毛澤東拆掉舊城牆後改建的「環狀道路」，像巨大的中國套盒，團團圍住中國的首都，看起來比較像是展示用的道路，而不是要實際利用的路，幾輛解放牌貨車慢吞吞地開過去，計程車載著最早到達中國的西方遊客，加入緩慢行駛的車隊，走在空蕩蕩到令人覺得怪異的大馬路上。到了晚上，叛逆性的搖滾樂迷占領街頭，從分隔島上跳上跳下取樂，但是他們和中國的計畫專家可能知道將來的情況。今天紫禁城交通尖峰時刻的情形，比起紐約市好不到哪裡去。

　　只不過是幾年前，中國還是靠著兩個輪子行動的國家，但是耐心地踩著「飛鴿牌」自行車，像一波波大浪的通勤客現在已經被排擠到路邊。2006年裡，中國還生產800萬輛自行車，占全球總產量的80%（中國人也主導機車生產）。但是對今天的很多中國人來說，自行車已經變成放在行李箱裡的次要選擇。政府官員在北京奧運開幕前，推動無車日運動，希望對抗空氣污染，也變成了新聞，然而只不過是幾年前，騎著自行車上班還是稀鬆平常的事情。

　　中國的汽車工業成長速度比經濟成長還快，這點要花不少功夫。2006年裡，中國急速超過日本，變成世界第二大汽車市場。中國現在年產1,500萬輛汽車，預料2020年前，就會超越美國，成為世界最大的汽車生產國。中國現在的汽車廠牌已經比美國還多，但是還有很大的潛力，因為中國城市中可以放兩部車的車庫裡，現在連一部都沒有。何況農村地區還有千百萬英里的道路，還沒有被底特律與東京設計的最好汽車征服。

　　看著今天的中國，我想到100年前亨利‧福特還沒有開始生產T型車時的美國，或是想到剛剛從二次世界大戰中復興的日本。中國現在有很多消費者和貨車司機還沒有

坐上駕駛座，因此未來的道路上尚有很大的成長空間：美國每1,000人擁有700輛汽車。根據最新的統計，雖然中國的道路日漸壅塞，但每1,000個中國人卻只擁有24輛汽車。

再見了，可靠的自行車；歡迎、歡迎迷人的轎車和中國式敞篷車。雖然一開始時，大家爭相創立本地汽車品牌導致產能過剩，也導致迷你爛車充斥，這種大家買得起的汽車卻代表道路、興建道路的公司、汽車零件廠、修理廠、供應廠商和相關的旅遊事業會得到更高的收益。不管你怎麼看，中國爬上世界汽車工業的駕駛座，都會帶來龐大的利益。

修路大國

1988年第一次駕車橫貫中國時，我很慶幸自己能夠幸運地活下來。當時中國還沒有半條高速公路，我在崎嶇不平的沙漠上轉著駕駛盤，不知道是否能夠開過去，我要涉水渡過泥濘的小溪，繞路走過貨車司機要等很多天才能通過的大裂縫。現在貫通全國的公路已經建好，中國人向德國人、日本人和美國人學習怎麼興建公路，在很短的

期間內,迅速建成了一長串收費道路——到2006年底,一共有122條收費道路——都是新穎、乾淨和最先進的公路。不錯,同志們,是收費道路!正好中國有一句話說:「此路是我開,若要由此過,留下買路財!」只是現在收買路錢的不是強盜,而是建設道路的公司。

沒有一條自然法則說:只有戴著牛仔帽、開著雪佛蘭(Chevy)貨車的人,能夠建出最好的公路。中國早在西方之前很久,就創造了很多土木工程奇蹟,例如長達1,114英里的大運河從西元前486年開始興建,是世界最大的水道系統,擁有24個閘門,以及大約60座橋梁。當然還有3,946英里長的長城,對不起,朋友,你從太空中實際上看不到長城,但是美國前總統尼克森看了之後說得很對:「真的是偉大的萬里長城。」

中國實施社會主義時期,強迫推動工業化時,喊的口號是「重建新中國」。今天的口號比較像是「建設天路」。到2006年底,中國擁有28,210英里的高速公路,是世界第二長的高速公路網路,總長大約等於加拿大、德國和法國高速公路里程的總和,過去4年裡,中國每年平均增建3,000英里的高速公路,還計畫新建很多高速公路,使高速公路總長達到目前長度的3倍。

最後中國的高速公路看來會更像美國的公路，因為麥當勞已經宣布要興建3萬家附屬在主要公路幹線上中石化加油站的得來速。（有些外國公司希望利用中國的加油市場，加油市場在西方國家是主要的獲利來源，中國才剛剛開始考慮在流量龐大、地點優越的加油站，設立零售與連鎖銷售點。）

興建農村地區公路也是國家脫貧計畫當中重要的一環——從1994到2000年間，已有8,000萬人脫離貧窮。公路迅速消除了中國的城鄉差距。例如，在人口將近100萬的溫州附近，有一個龍崗發展區，是離開貧瘠土地和「從高山下來」農民定居的地方，現在有14萬人在這個地方獲得城市生活的各種服務。

中國政府為了支持這種擴張，不斷地修改法律，使外國投資變得更有吸引力，投資人面對的法規也變得更透明，對擁有龐大財力、能夠資助大型計畫的投資機構尤其如此。一直到最近，外國公司——大部分是香港和台灣的公司——才可以跟中國企業組成合資事業，開發高速公路系統、通信系統、郵政服務系統和其他基礎建設計畫。很多地方政府現在對從事收費道路與機場之類基礎建設計畫的外國投資人，提供租稅減免與退稅。

共產黨大筆資助中國的公路建設，但是因為貪腐政客利用農村居民，使建設的道路顯得崎嶇不平。在一個喧騰一時的案子裡，四川省一位負責高速公路的官員因為接受賄賂，遭到處死。同樣的，2006年時，浙江省有一家興建道路的公司，突然宣布併購一家證券商，這種做法過度背離公司的核心能力，公司的股票因此遭到拋售。

在這個不斷現代化的國家裡，對於新基礎建設的需求只會持續成長。北京光是為了舉辦2008年奧運，就要投資大約337億美元，其中64.3%用在營建工程上。奧運營建熱潮結束後，營造業可能會衰退，甚至可能像其他國家辦完奧運後一樣，出現營建能量過剩的現象。但是中國幾乎沒有一個上得了檯面的城市不打算興建市鎮中心、道路、港口、堤岸或大型住宅計畫。

中國太大了，計畫太宏偉了，幾乎很難想像基礎建設部門會沒有新的東西可以蓋。

這個部門是你不必把辛苦賺來的錢浪費在二手車業務員口袋裡的部門。實際上，你大可以放心地投資到許多中國人行走的道路建設上。

羅傑斯看中國：明修大道搶工程

寧滬高速（江蘇寧滬高速公路公司）

上證：600377，A股

三年趨勢：獲利成長36.4%，營收成長32.2%

　　並非只有世界銀行，才能參與中國的主要公路建設融資，大陸和香港交易所中，有超過20家收費道路建設與管理公司掛牌。寧滬高速公路因為江蘇省的快速成長而受惠，江蘇省的GDP成長率比全國平均值高50%，擁有自用車的比率一年躍增35%，難怪高速公路通行費收入占公司營收的64%。

浙江滬杭甬（浙江滬杭甬高速公路公司）

香港證交所：0576，H股

三年趨勢：獲利成長37%，營收成長52.1%

　　滬杭甬經營交通繁忙的上海到杭州以及杭州到寧波的高速公路，甚至擁有沿線的商業設施，如加油站與廣告看板。公司也因為位於中國華東海岸中部而受惠。

皖通高速（安徽皖通高速公路公司）

上證：600012，A股；香港證交所：0995，H股

三年趨勢，獲利成長96.9%，營收成長33.6%

　　皖通經營五條收費道路，而且為了因應安徽省會合肥（人口440萬人）的快速都市化，持續增建車道。

天津港（天津港公司）

上證：600717，A股；香港證交所：3882，H股

三年趨勢：獲利成長290.8%，營收成長29.6%

　　天津是華北大港，天津港公司是少數在海外掛牌的港口管理公司之一。

上海建工（上海建工公司）

上證：600170，A股與B股

三年趨勢：獲利成長21.6%，營收成長48.3%

　　要找營建商嗎？上海建工承包的主要計畫包括改建上海浦東國際機場與中環線快速道路。

汽車產業潛力無窮

　　渴望買車的眾多消費者需求增加，價格因為量產而下跌，加上產銷效率提高，難怪汽車廠商想在中國市場分一杯羹。但是到最後，中國的道路會被中國人自產的汽車占據。現在中國已經有超過130家本國汽車製造廠，比世界任何國家都多，未來幾年內，很多公司會無法生存，但是我猜有些公司可能變成全球冠軍。

　　目前外國汽車廠商靠著著名品牌和名聲，在中國市場撐起一片天。中國一般消費者仍然懷疑國產車的品質，同樣的外國車款，如果是在歐美日組裝（俗稱「原裝車」），售價就高於在中國大陸組裝的車（叫做「非原裝車」）。一旦中國人了解自己有能力生產世界最好、最可靠的汽車，全球汽車廠牌很可能會敗退。

　　全球汽車廠商相當少，六大汽車廠──通用、福特、戴姆勒克萊斯勒（DaimlerChrysler）、豐田、本田和日產，共占有全球市場85%以上。但是中國要求進入中國市場的外國汽車廠商必須和國內公司合資，所占的股權不能超過50%，到現在為止，這些合資事業都為本地合作夥伴帶來相當的利益。例如，上海汽車公司和福斯與通用都設有

合資事業，上海汽車不擔心福斯的顧客流失到通用、也不擔心通用的顧客流失到福斯，任何一方的銷售都會為上海汽車帶來好處。同時，上海汽車和全球兩大龍頭合作，可以學到技術，發展自己的策略。

2006年6月，上海汽車宣布要在香港證券交易所辦理另一次初次公開發行，暗示外國合資夥伴未來的命運。同月下旬，上海汽車宣布把通用中國公司董事長兼執行長墨斐（Philip Murtaugh）挖走，請他負責監督海外生產與作業。一個月後，上海汽車宣布計畫動用17億美元，在2010年前，發展自有品牌，上海汽車的短期計畫是降低對通用和福斯的依賴。

中國每賣出10輛汽車中，原本有3輛是福斯汽車，但是2006年內，福斯的市場占有率降為17%，福斯在中國有兩家合資事業，2006年在中國賣出的汽車超過69萬輛，第二名的通用大約賣出40萬輛，兩家公司都會越來越依靠中國市場，以便維持競爭力。通用面對獲利衰退與美國市場競爭日益激烈，正在利用好幾個品牌，推出升級的車款，而且決心在美國市場之前，先在中國推出油電混合動力車。本田和豐田也急於在中國市場推出新車系。福斯估計，到2008年，在中國生產的汽車會倍增到160萬

輛。2007年中國政府對豪華車加稅，希望改善汽車燃油效率，到目前為止，卻沒有產生什麼效果，高級官員仍然樂於花大錢買凱迪拉克（Cadillac）與別克車（Buick）。

　　政府雖然努力防止外國品牌打進中國市場，關稅卻從2003年的50%，降到2006年6月的25%，跟亞洲其他國家的關稅差別並沒有太大。有些公司藉著在大陸設立工廠或零件廠（不過這些工廠也必須出口）規避這種關稅。然而，我們還不知道的品牌卻可能為投資人帶來真正的好處。2005年時，國內汽車廠商已經占有中國市場的27%，卻希望追求更大的市場。中國一家汽車公司的執行長說過：「中國汽車工業和全球市場整合時，中國的汽車公司決定怎麼創造核心競爭力和獨立的廠牌是最重要的考量。」

　　中國在2006年首次變成汽車與卡車的淨出口國，出口比前一年激增120%。這一年裡，中國的吉利汽車公司首次在底特律汽車展展出新車型，引起騷動。中國商務部希望在十年內，把車輛與汽車零件出口提高到1,200億美元。2006年8月，中國政府指定八個城市為汽車出口區，為了鼓勵這些地區的汽車出口，政府會提供各種租稅優惠，出口區包括沿海的上海、天京、廈門、台州，以及長江流域的武漢、蕪湖、重慶和東北的長春。這些地區性公

司會提供投資中國國產汽車工業的另一種選擇。

事實上，目前中國汽車產能過剩，因此在汽車零組件如玻璃與輪胎廠商，甚至在連鎖汽車旅館中，尋找會因為這種趨勢而受惠的公司可能比較好。汽車天地裡的超大公司彼此可能激烈競爭，比較安全的投資之道可能是投資蓬勃發展的零件與替換零組件市場。十年來，中國汽車零件廠商已經扭轉名聲，從生產品質差勁、價格低廉零件的產業，變成生產世界最高品質產品的廠商。2005年裡，通用汽車甚至購買2億美元的中國製零件，這一年裡，中國出口的汽車零件首次超過進口（當時美國汽車工業步履蹣跚，發現自己越來越難以在中國競爭）。2006年時，美國和歐盟聯手向世界貿易組織申訴，希望推翻中國妨礙汽車零件進口的關稅政策。

中國政府刻意阻止人民幣大幅升值，原因之一就是為了支助汽車工業之類的中國新興產業。將來政府解除人民幣的管制，人民幣升值後，中國顧客應該可以用比較低的價格購買進口車，但是中國的企業也應該會比較容易利用國外併購，擴大市場，其中最著名的例子當然是南京汽車公司併購著名的英國路寶公司。南京汽車已經把路寶的生產線和工作機會搬回中國，因為南京汽車希望重振著名的

MG跑車名聲，把這種車變成中國製造的收藏家汽車。

　　中國已經對30個國家輸出低價的小型車，主要是對開發中國家輸出。吉利汽車和奇瑞汽車在擴張方面，似乎做了最好的準備。奇瑞的英文名字Chery可能是刻意模仿Chevy，或是拼錯了的「Cherry」，但是奇瑞的擴張計畫絲毫沒有開玩笑的意味，不過到目前為止，他們的小型車在美國一直很難賣。將來中國可能製造出一些大爛車，但是也可能製造出未來的冠美麗（Camry），當初誰會想到，美國人會開著韓國的起亞車（Kia）去度假呢？

 羅傑斯看中國：汽車業先驅

上海汽車（上海汽車集團公司）

上證：600104，A股

三年趨勢：獲利衰退28%，營收成長307.2%

　　　　上汽是中國的汽車業巨擘，也是通用、福斯與韓國雙龍汽車的中國合資事業夥伴，2006年，上汽推出自己的豪華車品牌榮威750轎車，也計畫在2010年前，推出30種不同的車款，最後還要出口。上汽2006年的銷售量增加為134萬輛。

一汽夏利（天津一汽夏利汽車公司）

深證：000927，A股

三年趨勢：獲利成長 1,032.5%，營收成長 46.6%

　　2005年內，夏利賣出將近20萬輛汽車，是豐田
的合作夥伴。夏利旗下合資事業生產的奧迪（Audi）
A61汽車，贏得中央電視台頒發的「2005年中國風
雲車」，但是它的夏利新N3小客車也贏得「2005年
中國年度自主品牌車型」的榮銜，夏利的執行長說：
「夏利新N3是我們走向生產真正『中國人的汽車』的
第一步。」

長安汽車（重慶長安汽車公司）

深證：000625，A股；200625，B股

三年趨勢：獲利衰退50.9%，營收成長38.6%

　　中國的其他汽車廠牌中，長安汽車可能是你想試
駕的車子，長安汽車是福特在中國的合作夥伴。

吉利汽車（吉利汽車控股公司）

香港證交所：0175，H股；OTC：GELYF

三年趨勢：獲利成長 164.9%，營收成長298.1%

　　吉利是第一家在底特律參展的車廠，希望從2008年起，開始在美國銷售汽車，但是撞擊試驗和排氣控制還沒有達到標準。不過股價已經大漲，漲幅遠超過香港股價指數的平均漲幅。請不要把吉利和還沒有公開上市的奇瑞汽車混為一談，奇瑞已經對很多開發中國家出口低價車，也在俄羅斯和伊朗設立汽車廠。

長城汽車（長城汽車公司）

香港證交所：2333，H股；OTC：GWLLF

三年趨勢：獲利成長51.5%，營收成長54.4%

　　長城汽車是休旅車和小貨車的領導廠商，從2001年起，開始對中東與南美洲出口。

萬向錢潮（萬向錢潮公司）

深證：000559，A股

三年趨勢：獲利成長15.2%，營收成長44.7%

　　根據最新的統計，中國共有4,447家主要汽車零件廠商，萬向錢潮是其中最大的一家。萬向從農業機械修理廠起家，現在是中國第三大非國有企業，甚至在歐美雇用將近1,000位員工，為了爭取更多的顧客

和更好的科技，萬向已經買下好幾家美國公司。

濰柴動力（濰柴動力公司）

深證：000338，A股；香港證交所：2338，H股；OTC：
WEICF

三年趨勢：獲利成長32.8%，營收成長7.78%

　　濰柴動力是萬向錢潮的主要競爭對手。

駿威汽車（駿威汽車公司）

香港證交所：0203，H股；OTC：DENMF

三年趨勢：獲利成長10.1%，營收衰退16.8%

　　駿威是主要的零件供應廠商。

鐵路是另一交通主力

　　中國擁抱美國式的駕車奔馳之樂時，也沒有放棄歐洲式對火車的偏愛。旅程超過60英里時，鐵路還是中國人最優先的選擇。

　　1876年，英國商人在上海興建了中國的第一條鐵路後，中國的「鐵老大」就擔負起運輸全國貨物或旅客的重

責大任。連毛主席都從私人火車車廂發動革命，讓紅衛兵高興地跳上車。今天中國頭等車廂裡的杯墊、椅罩和服務員來回補充保溫瓶裡的熱水，紓解了坐幾天幾夜火車，經過中國廣大土地、穿越彎彎曲曲山隘時的辛勞（西部的成昆鐵路穿越的隧道數目高居世界第一）。即使到了今天，我發現要判斷中國的進步或社會變遷，最好的方法還是到大城市的火車總站去看，尤其是到廣州和上海之類吸引就業人潮的大城市火車站去看，你會看到月台和通往站場的通道變成了擠滿了人的臨時城市，盲流在這裡露營、睡覺或等著轉車。眾多戴著帽子的農民蹲在煤煙瀰漫的火車站裡，形成了讓人難忘的人群奇觀，只有在世界人口最多、現在也是世界上最不安的土地上可以看到。

　　中國每年的旅客超過100億人次。首先，中國必須完成人類史上兩條最特別、最神奇的鐵路。最近完成的是「世界最高」的青藏鐵路，這條鐵路長1,251英里，連接青海省和西藏，其中超過341英里的鐵軌必須經過特別施工，鋪設在永凍層上，整個工程耗資42億美元，已經在2006年7月完工通車，中國計畫延伸三條路線，行經高山地區，通往中印邊界，最後和印度接軌。現在每天有4,000位旅客奔馳在新建的青藏鐵路上，聽起來非常刺

激，甚至連我都可能受到吸引，放棄汽車或駕車。這條新
鐵路不只是奇妙的旅遊經驗而已，也是加速西藏進一步整
合到中國經濟的運輸幹道，不管這樣是好是壞，都可能在
仍然相當低度開發的西藏地區，形成進一步的投資機會。
（不過經營這兩條鐵路線的公司都沒有公開上市。）

　　另一條路線是造價12億美元、由德國人設計的磁浮
幹線，這條幹線以267英里的時速，連接上海的浦東新機
場和市內的地下鐵系統，最後會以15分鐘的車程，連接
35英里外的杭州。一般說來，這麼「著名」的計畫就像
美國把人類送上月球一樣，不是穩健的投資。但是你可以
間接投資從這個計畫中受惠的供應商和包商，賺到很多
錢。此外還有更多奇妙的火車要開上路，法國、德國和日
本公司都爭相爭取金額驚人的合約，準備興建連接各主要
城市，如上海和北京的「子彈列車」。

　　中國也致力成為海運大國，近年來，中國船舶工業集
團公司的產能大幅增加，使中國變成世界第三大造船國，
僅次於日本和韓國。中國船舶工業在1999年成立，仍然
是國有企業，而且跟軍方關係密切，就目前來說，這點表
示公司還沒有上市。中國船舶工業因為和美國福茂航運公
司（Foremast Maritime）結盟而受惠，福茂航業老闆是美

籍華人、布希政府勞工部長趙小蘭的父親趙錫成。中國船舶也生產潛水艇，而且和其他公司結盟，在長江聯合經營新造船廠，希望把上海地區的造船產能增加四倍。

　　但是鐵路還是最重要，2006年，政府宣布要投資1,900億美元——中國史上金額最大的投資，在2010年前，把鐵路運能大幅提高20%，中國要新建八條鐵路，連接偏遠地區，同時城際快車會變成常規。這個計畫宣布時，中國很多分析師說：「鐵路業的好景可望延續十年以上。」

 羅傑斯看中國：全員上車

大秦鐵路（大秦鐵路公司）

上證：601006，A股

三年趨勢：獲利成長82.8%，營收成長124.2%

　　大秦鐵路在2006年8月初次公開發行，超額認購倍數達到70倍，成為中國企業有史以來金額第二大的公開上市案，規模僅次於中國銀行。策略性投資人如中國人壽保險和中國國際信託投資公司（中國歷史最悠久又有力的投資集團）承接了大約30%的新股。大秦鐵路總部設在山西省，經營中國最大的煤炭運輸

鐵路，除了運輸煤炭外，也運輸焦煤、水泥、鋼鐵和木材。

廣深鐵路（廣深鐵路公司）

上證：601333，A股；香港證交所：0525；紐約證交所：GSH，ADR；OTC：GNGYF

三年趨勢：獲利成長36.2%，營收成長18.3%

廣深鐵路是在最多交易所上市的鐵路公司，獨家經營珠江三角洲從廣州到毗鄰香港的深圳之間的鐵路。2004年，中國鐵道部（擁有廣深鐵路三分之二股權）宣布，計畫新建第四條鐵路，使客運能力加倍。鐵道部也計畫完成廣州與珠海經濟特區之間的高速鐵路，而且擴建廣東通往長江中游大城武漢的鐵路。中國大陸和香港之間的旅遊限制持續放寬，表示廣深鐵路會有更多的機會。

中鐵二局（中鐵二局公司）

上證：600528，A股

三年趨勢：獲利成長44.2%，營收成長105.4%

2005年內，這家從造橋鋪路到興建隧道、什麼

工程都接的公司只接了147項工程，最近還跟雷曼兄弟公司（Lehman Brothers）簽署和財務操作有關的策略性合約。

　　另外也值得注意的是，名列財星全球500大公司的中國鐵道建築總公司宣布，計畫在香港和上海上市，本書出版時，上市作業可能已經完成。這家國有公司2005年的營收為150億美元，應該會從政府野心勃勃的鐵路擴建計畫中，得到特別多的好處。

中國遠洋（中國遠洋控股公司）
上證：601919，A股；香港證交所：1919，H股
三年趨勢：獲利衰退36.1%，營收成長58.4%

　　擁有超過600艘掛中國國旗的商船，但是因為燃油成本上升和其他因素，獲利衰退。

　　1949年共產中國成立前夕，中國闢建了超過6,800英里的鐵路，到1997年，中國的鐵路總長增加了六倍，現在看來這只是第一步而已，總之，中國已經動了起來。

第六章
旅遊業飛躍成長

我寫到這裡時，中國第一個南極大陸旅行團已經出發，從來沒有下過雪的廣州一家具有開創精神的旅行社，向每位旅客收費1萬美元，舉辦這次旅程。我不知道旅客是否帶著筷子，也不知道企鵝會有什麼想法。這趟行程從阿根廷的頂端開始，作為慶祝中國政府把阿根廷提升為准許國民旅遊的國家名單中。從2001年開始，跟中國互惠、提供快速旅遊簽證的國家數字從只有18個，增加到高達132個。

我曾經環遊世界兩次，遊歷過大部分國家，可以了解大家天生希望探索世界各地的衝動，你可以說我喜歡不斷地浪跡天涯，不是每個人度一次假，都會走上15.2萬英里，但是旅行不只是普世人權而已，還像中國一位老人說的一樣，是大家都希望「見所未見、嘗所未嘗」，而且這

種衝動蓄積在十多億人心裡，他們一直到最近，才能夠滿足自己喜歡到處漫遊的欲望。

國內外旅遊會擴大中國企業的天地，使這個領域的價值變成超過只值得隨便看看而已。我敢說，中國遊客很快就會到世界上每一個值得遊歷的地方、而且人數大到足以改變整個旅遊業，深深影響占全球就業人口9%、全球國內生產毛額（GDP）11%的這個行業。

說到中國的國內旅遊業，過去25年來，旅遊業的獲利成長速度比中國的整體經濟成長率還高。根據估計，2005年內，中國國內旅遊業雇用的就業人數達到7,760萬人，創造出當年國家4.3%的歲收。2006年內，光是在中國境內旅行的遊客就成長15%、達到13.9億人，整個旅遊業的營收成長17.9%。

當年我開始遊歷中國時，看來我幾乎是萬里獨行，壯麗的洞窟、沙漠的景象、長城沿線的碉樓，只有我一個人平靜地享受。很多高山頂上的寺廟和宗教勝地仍然是讓人害怕的地方。現在我必須努力向前擠，才進得了佛教、道教和儒教的廟宇，擠過跟香煙繚繞一樣濃厚的觀光人潮，中國有些「佛教聖山」甚至已經公開上市。

讓我最興奮的是這個行業相當年輕，我們再從美

國第一階段高級的公路興建完成、汽車旅館或假日飯店
（Holiday Inn）的觀念開始流行時的情況來考慮，或是想
像德國和日本在第二次世界大戰結束後，人民剛剛恢復財
力，足以用更好的方法開始遊歷世界時的情形。國內外旅
遊業跟農業和水資源業也一樣，可能是投資天地中最「能
夠對抗經濟衰退」的行業，而且要是股票能夠熬過艱困時
期，大家會把股價炒得更高。

　　談到起飛，高盛公司（Goldman Sachs）一項研究報
告預測，未來八年內，中國國內旅遊的人數每年會成長
17%。至於國外旅遊，中國13億人當中，用過護照的人
只是九牛一毛而已。

來自東方的遊客

　　中國有一個很多人都知道的笑話這麼說，什麼都吃的
廣東人到非洲野生動物園去，看到每一種理當受到保護的
動物，都流著口水說：「好吃、好吃……。」不久之後，
我們都將知道「具有中國特色的非洲獵遊」到底會是什麼
樣子。

　　如果你想知道噴射機發明後，旅遊有什麼最大的變

化，你從馬可波羅在威尼斯的誕生地往外看，只要看個幾
百碼就會了解。離歐洲第一個寫中國遊記的人生長的地
方、只不過兩條鵝卵石鋪成的巷子、一條運河之外，有
一家餐廳高高掛著紅色的燈籠，叫做天堂之廟（Il Tempio
del Paradiso），是供應中國式水餃的三、四十家餐廳中的
一家，專門為湧進威尼斯、十分好奇的亞洲旅客服務。中
國大陸來的旅行團像過去的日本人一樣，現在坐在價格過
高的威尼斯貢多拉（gondola）平底船上，聽著小夜曲。

這種情形和1980年代依稀相同，當年促使日本帶著
尼康牌（Nikon）相機湧向羅浮宮、衝向金字塔的原因是，
日本人消費力提高、貨幣升值，最重要的是他們的工時縮
短。但很快地，日本遊客將會小巫見大巫，畢竟日本只有
1.25億人口，中國卻有13億人，想買紀念品的人達十倍
之多。即使中國很多人仍然很窮、沒有錢出遊，但每天還
是有很多人加入千百萬能夠旅遊的遊客陣營中。

不久之後，你到巴里島、里約或倫敦的西城，會看
到很多足部按摩店和金飾店，專為中國消費者準備的中文
說明、位置指示圖，以及能說流利中文的導遊。各大博物
館開始在重要展品前放上中文說明，中文電視台開始進入
各家五星級旅館、大部分廉價旅館。另外還有一個明顯的

趨勢，就是一向注重運動、注意健康的中國人熱烈愛上滑雪，從1999年大約有200個人滑雪，現在變成全國有200多處滑雪勝地，極北的黑龍江則有一個高級的度假村，是政府初期投資1.5億美元蓋起來的。你可以注意會從中受惠的中國北方省份，甚至注意俄羅斯的遠東地區。長久受到約束的中國人自然會去找更多這種廣闊的天地。

要找到這種中國人大量移動（坐在郵輪的甲板上，而不是躲在貨輪的貨艙裡）的精確統計數字很難，因為最容易到達、最受歡迎的香港和澳門，分別在1997和1999年回歸中國、成為特別行政區，但還算是「外國」旅遊目的地，你沒有辦法計算有多少中國人從這兩個地方再前往第二個目的地。一項研究估計，2005年出境的3,000萬中國人當中，只有600萬人是到南海這兩個小島以外的地方去，然而，2006年出境的旅客仍然成長11.22%、增加到3,452萬人，而且前五年內，出國的人已經增加了250%。

聯合國世界旅遊組織預測，到2020年，中國出境遊客人數將會達到世界第四位；如果沒有發生無法預測、造成邊界關閉的事件，到2035年，中國遊客會高居世界第一。未來幾年內，中國整體旅遊業規模會成長到世界第二大、僅次於美國。所有這一切都正在以驚人的速度發生

著。

中國人應該極為熱衷旅遊，其實一點也不奇怪。現代人旅遊風氣興起時，中國人則大致受困於戰爭、災難和經濟崩潰。1949年共產政權成立後，旅行受到極為嚴格的限制，一般國民根本不敢夢想拿到稀奇之至、名叫護照的東西。只有高官和巴結高官的人有機會看看外國的土地。甚至到了1980年代的改革開放初期，政府也不太刺激旅遊業，擔心受過教育的國民會一去不回、逃到西方。起初只有由國家指定、善於密切監視客人的旅行社，可以賣機票給獲邀出國訪問的團體。

據說美國總統雷根第一次訪問中國時，對中國最高領導人鄧小平高談闊論，說自由旅行是基本人權，敦促鄧小平放寬限制，作為表示善意的姿態。根據這個都市傳奇的說法，鄧小平靈機一動的回答讓雷根大吃一驚，「好，我會這樣做，你希望加州有多少中國人？1,000萬？5,000萬？還是1億人？」

很快地，這1億人會前往法國蔚藍海岸的聖托貝（Saint-Tropez），西班牙的布拉雅海岸（Costa Brava）或澳洲的黃金海岸（Gold Coast），這點表示不但旅行社、線上訂位網站、航空公司或鐵路公司會受惠，而且連旅

館、連鎖餐廳、水療館、海灘度假村、遊樂園、特別景點、從滑雪到購物的相關活動，甚至暈車暈船藥製造商、防曬油、行李、背包業者都會受惠，也有些研究指出，化妝品會受惠，但是明信片不會受惠。最近一個研究顯示，中國遊客當中有60%是女性，其中65%年齡不到45歲，平均每次旅程花費546美元。每個人可以兌換和攜帶的外匯已經由最初規定的2,000美元提高為2萬美元。2006年6月，《經濟學人》雜誌報導指出，中國遊客的消費力、每天和每次旅程的花費金額，遠高於歐洲、日本，以及美國遊客。

　　大部分人出國旅遊時，仍然選擇離家比較近的地方，到2005年11月為止，亞洲國家地區占中國出國旅遊目的地90.4%，日本、泰國、新加坡和馬來西亞是最多人去的地方，其中高達70%的人出國旅遊，頂多是到香港和澳門。中國政府早在1983年就允許旅行團到這兩個地方去，十年後，還訂定「個人旅行計畫」，容許臨近的廣東省、上海和北京居民，用比申請護照所花時間少、費用又低很多的方式取得旅行許可。今天這個計畫涵蓋34個城市和2億大陸居民，而且打算把這個計畫擴大到涵蓋5.35億人左右，讓他們可以根據「個人原因」旅遊。

其中的原因相當明顯，香港過去屬於英國，長久以來已經變成西方向中國自由展示的櫥窗，也因為貿易往來免稅而變成貿易中心。中國大陸居民前往香港除了品嚐精美豐盛的海鮮外，主要的原因是要去花錢。總之，目前路易威登（Louis Vuitton）的皮夾或高檔香水，價格大約比大陸境內便宜10到50%，而且對於中國目前人數大約5,000萬、還不斷成長的奢侈品潛在顧客來說，香港勢利眼的購物中心還有更多的東西可以選擇。香港政府領袖警覺到總有一天，香港在零售方面勝過上海的優勢會消失，於是明智地採取行動，在2005年下半年設立香港迪士尼樂園，成為在中國領土上的第一座迪士尼樂園。（但是香港人要注意了，上海已經跟迪士尼公司接觸，希望獲得授權，但是至少在2010年前，上海的迪士尼樂園不會開張。）

澳門的吸引力甚至更一面倒，澳門是葡萄牙人在亞洲的第一個和最後一個殖民地，統治了500年，處處留下精美的建築與文化遺跡。長久以來，賭場一直是澳門的主要收入來源，香港人經常搭一小時的渡輪，光顧澳門，過去這裡是賭王何鴻燊的澳門博彩公司獨占的地盤（這家公司沒有公開上市）。但是1999年12月20日澳門回歸祖國後，開啟了過去根本無法想像的賭業規模。葡萄牙人在

1987年的中葡聯合聲明同意把澳門交還中國，條約中規定，澳門可以維持跟中國任何地方都不同的獨特生活形態與特權，最重要的是賭博合法化。澳門變成比較像是中國旅客鄉間的一省，超過10億中國人住的地方，離澳門三小時的飛機航程之內，因此到2005年為止，澳門賭場每年成長22%，同一年裡，賭博占澳門收入的70%。

今天澳門變成亞洲賭城，賭業巨擘爭相加入淘金行列，澳門在名叫金光大道的海埔新生地上、總投資額130億美元大興土木的第一期工程在2007年完成，共有七家度假旅館賭場落成開幕，總共擁有超過1萬間客房。主要的經營者和受惠者是拉斯維加斯金沙公司（Las Vegas Sands Corporation），2004年，金沙公司在澳門開設了第一家由西方人經營的賭場，叫做澳門金沙賭場，占地16.3萬平方英尺，處處煙霧彌漫；金沙也要開設直接從拉斯維加斯翻版過來的威尼斯式旅館。澳門永利公司（Wynn Macau）經營的永利度假村（Wynn Resorts），已經在2006年9月打開金碧輝煌的大門歡迎客人。金光大道上的新秀希望變得更豪華，賭中國賭客會變得更有品味、甚至更走向家庭化。

其中的利益驚人，因為中國人比世界上任何地方的

人都喜歡豪賭。根據投資銀行瑞士聯合銀行（UBS）的統
計，2005年有1,870萬人造訪澳門，到去年造訪過澳門的
人已經增加到3,860萬人，澳門賭桌每天的平均收入為1.2
萬美元，拉斯維加斯只有2,600美元。2006年上半年，澳
門賭業總營收達到31億美元，拉斯維加斯大道的總營收
則為33億美元。

　　現在中國人喜歡觀光，連以穩重、安寧、乾淨、熱帶
氣候和相同中國傳統文明的新加坡，都受到這種龐大財富
的吸引。2005年4月，新加坡不顧國人的強烈反對，取消
長達40年的賭禁，小艇海灣（Marina Bay）和聖淘沙兩座
賭場預定於2009年開幕。

　　因為中國沒有多少地方屬於熱帶，中國人渴望到有陽
光和海灘的地方享受，很多中國人開始進行難得的探險。
估計顯示，42%的人像英國勞工階級參加低價西班牙海灘
之旅一樣，這種情形造成「超低價旅遊」的問題。包括機
票和旅館在內的團費，到泰國之類國家觀光的行程實際上
是虧本出售，旅行社只好設法從帶團購物的佣金中賺錢，
因此帶著遊客去買寶石、雕刻飾品，尤其是帶大家去買很
受歡迎的壯陽草藥，包括泰國的鱷魚肉。但是中國無數觀
光客不會長久停留在「超低價旅遊」的水準。

　　印度擁有極為豐富的文化與景色，隨著中印兩國關係改善，彼此間的交通變得更方便，印度最後會從中國未來的觀光熱潮中獲利。印度很近，費用又很便宜，因此兩國的旅客會爭相前往對方國家觀光，印度餐旅公司（India Hospitality Corporation，倫敦證交所：IHC）之類的觀光業者可能受惠。

　　但是中國還沒有把附近的台灣或美國列入開放觀光名單，這點也表示，一旦簽證的障礙降低，兩個地方都會出現龐大的旅遊熱潮。

　　在中文裡，美國是「美麗的國家」，一波波的移民橫渡太平洋，鞏固了兩國的歷史關係。對大部分中國人來說，美國著名的景點有著近乎神話般的地位，舊金山的金門大橋、大峽谷和紐約帝國大廈就是這樣。拉斯維加斯因為具有賭博方面的吸引力，幾乎總是列在中國人第一次赴美旅遊的行程中。中國人也喜歡參觀著名的大學，包括史丹佛大學在內，可能是先行了解、準備以後送子女去就讀，耶魯大學則特別受歡迎，因為第一個從美國大學畢業的中國人容閎，就是1854年從耶魯大學畢業的。

　　但是從911事件之後，前往美國觀光的中國人不斷減少，因為美國的簽證程序變得困難而且多疑，很多美國旅

行業團體正在遊說政府改變政策，以免錯失龐大的市場。
中國已經表示有意把美國列入開放觀光名單中，但是美國
沒有反應。諷刺的是，在旅遊目的地的選擇方面，中國已
經超越美國，美國要增加觀光客人數，最好的方法是讓更
多的中國旅客入境。

在這方面，台灣顯然更有吸引力，越來越多中國人不
怕間接的長時間飛行而前往台灣，以便了解這個「頑固的
省份」、嘗試不同的中國美食與溫泉，或是探望離散很久
的親人。2005年8月，台灣旅行業者接受調查時指出，兩
岸交通完全開放後，業績會成長20至60%。

中國人越走越遠，到2005年，中國才開放前往英國
觀光，開放第一天，就有一團80位老人搭著維珍大西洋航
空公司（Virgin Atlantic Airways）的航班，前往英國，從
事八天七夜的觀光，他們甚至跟英國的安德魯王子共進晚
餐。從2000年到現在，前往英國觀光的中國人增加了一
倍，每年超過10萬人，預期到2015年間，每年會成長15
到25%。

隨著人民幣走強，中國人出國旅行會變得越來越便
宜，不但會到更遠的地方旅遊，身上帶的錢也會越來越
多。因為中國政府已經改變法律，准許每個公民每年攜

帶2萬美元出境，旅遊支出大增。品味和需求會越來越進步，東南亞各國讓中國人長期居留的公寓市場已經擴大，你聽到小氣鬼從來不下觀光巴士的怨言會越來越少。

你最好也要買一大堆旅行箱業者的股票，中國人已經開始整理行囊。

 羅傑斯看中國：旅遊大使

攜程旅行網國際公司

那斯達克：CTRP，ADR

三年趨勢：獲利成長80.7%，營收成長132.8%

以及

藝龍旅行網公司

那斯達克：LONG，ADR

三年趨勢：轉虧為盈，從虧損1,838萬美元轉為獲利111萬美元，營收成長91.1%

兩家公司都是在1999年創立的，只有美國存託憑證可以買。兩家受歡迎的線上旅行業者針對國內外旅遊目的地，搜尋最好的旅館與航班資料；兩家平價資料整合業者像旅行城市公司（Travelocity）一樣，

主打個人旅客或商務客市場，靠著佣金創造營收。
Expedia公司擁有藝龍52%的股權，攜程公司的股價
一直起伏不定，對於同時擁有英文介面的公司來說，
相當令人訝異。

中青旅（中青旅控股公司）

上證：600138，A股

三年趨勢：獲利成長26.1%，營收成長64.2%

　　中青旅（中國青年旅行社）早在1997年就成為
第一家公開上市的旅行社。中青旅經營實體旅行社業
務和線上服務，是歷史比較悠久的國營中國國際旅
行社的附屬公司，中旅是中國500大企業中唯一的旅
行社，但是沒有上市。兩家公司在2005年內為將近50
萬出入境或旅行團客戶處理票務和旅遊安排。

錦旅B股（上海錦江國際旅遊）

上證：900929，B股

三年趨勢：獲利衰退47.2%，營收成長33.4%

　　上海錦旅是另一家負責處理票務的旅行社，但是
已經分散投資到室內裝潢和航空貨運領域。

中國民航信息網絡（中國民航信息網絡公司）

香港證交所：0696，H股；OTC：TSYHF

三年趨勢：獲利成長15.3%，營收成長33.4%

　　中國民航信息網原來是為了應付觀光旅遊熱潮，由21家中國民航公司在2001年成立的資訊服務供應商，該公司已經發展出處理機場旅客的軟體產品與服務，也為航空公司、機場、旅行服務業者、旅行社和企業，開發航空貨運系統電子商務平台。2005年內，該公司的電子旅行流通系統為國內外民航公司，處理超過1.514億次旅客訂票作業，比2004年成長14.5%。

拉斯維加斯金沙公司

紐約證交所：LVS

三年趨勢：獲利衰退10.7%，營收成長86.9%

　　這家美國公司的未來成長大部分要看中國而定，金沙到澳門投資顯然是股價上漲背後的主要力量，過去五年內，金沙的澳門威尼斯賭場旅館還沒有完全開始營運，公司的股價已經上漲一倍以上。公司計畫把澳門附近一個實際上屬於珠海市的小島變成更大規模

的賭博勝地，目前還沒有獲得批准。著名的四季飯店
（Four Seasons，紐約證交所：FS）、香格里拉（亞洲）
公司（香港證交所：0069，H股）和希爾頓大飯店
（Hilton，紐約證交所：HLN），在新的超級賭街金光
大道上也設有據點。

還是留在國內玩最好

沙漠城市哈密居民歡迎馬可波羅時，讓他隨意在他們
的所有妻妾中選擇伴侶。我第一次到哈密時，運氣沒有這
麼好，我盡力想辦法在哈密一家廉價旅館入睡時，注意到
枕頭似乎特別硬，待我詳細檢查之後，發現頭躺在一整袋
米上。

只不過是15年前，中國的待客事業還不肯把旅館的
鑰匙交給房客。眾多像晚娘一樣討厭的女服務生會到處巡
查，監視著走廊，只有在絕對必要時才讓你進自己的房
間。但是他們總是隨時可以進入，監視洋鬼子，或是不斷
地在保溫瓶中補充開水。少數豪華大旅館像北京的長城喜
來登大飯店，不但是西方生活形態的櫥窗，也是難得一
見、可以逃避社會主義式惱人服務的避難所。因為不管我

要什麼東西，最常聽到的話、也是遊客最先聽到的中文，都是「沒有」，意思可能是「沒有這種東西」、「東西用光了」、「不行」或是「不可能」。

今天中國已經恢復客氣、親切招待客人、甚至明顯過度討好客人的亞洲主流傳統。工作表現優異時，中國人還沒有學到向人鞠躬，卻比較習於接受別人的鞠躬、享受獎勵。目前外國旅客明顯仍是少數，雖有越來越多富麗堂皇的地方出現，主要卻是為了服務高檔的中國旅客。

而且不久以前，你在中國還不能買來回機票，本地人和外國人一樣，要花整天的時間擠到櫃檯前，買一張到某一個省份的機票，然後回程時同樣要再排一遍。中國的很多道路禁止外國人走，對少數本地駕駛人來說，幾乎也一樣走不通。今天綿密的現代空中航線、高速公路和餐宿網路，服務那些剛剛拿到第一筆可支配所得、擁有第一部汽車的眾多人口。這種趨勢可能沒有像五光十色的澳門賭場那麼明顯，但是中國掀起國內旅遊的驚人熱潮，就足以讓更多的旅館房間客滿、填滿很多人的口袋。

一些新出現的統計數字可能再度造成誤導，中國政府把時間超過六小時的旅程、不論原因為何，都視為「旅遊」，而且有一項估計指出，80%的中國人每次旅程平均

支出不超過15美元。但是整體而言，預測2007年內，中國旅遊業的營收會超過人民幣1兆元大關（以美元計算，1,300億美元仍然很可觀）。

中國副總理吳儀之類的最高領導人一直敦促蓬勃發展的旅遊業，在「擴大國內消費」方面扮演更重要的角色。2006年，世界最高的客運鐵路列車首次開進西藏，遙遠的觀光景點如麗江古城——聯合國教科文組織定為世界遺址、座落在昆明北方高山地區，第一次讓人驚歎為「世外桃源」，現在不但便於到達，根本就已經過度開發、過度經營。從1991年起的十年內，遊覽麗江的旅客從19.8萬人增加到327萬人。而且那裡現在超過一半的人口依賴旅客為生，而不是務農，平均年所得也從60美元，增加到超過650美元。

中國政府另一項估計指出，都市居民前往低度開發的鄉間、呼吸新鮮空氣的人數達到3億人。中國人也沒有忽略了都市，因為每一個中國人都想看看天安門和其他國家的紀念建築。2006年內，北京接待了1.32億的遊客，比前一年成長14%，2008年奧運一定會使遊客人數增加。上海則吸引了9,000萬觀光客。

這一切都是在流動性還是相當新穎觀念的國家裡發

生，根據毛派分子的模式，要維持社會秩序的安定，必須靠強迫就業和固定居所。政府禁止人民到戶籍登記地以外的城市旅遊，要住旅館、甚至要得到食物，可能都需要申請核准文件。得到的接待好壞，要由階級決定。在1991年，大家坐火車時該買什麼票，還是由乘客的地位決定。中華人民共和國成立的頭40年裡，唯一的大規模旅遊例子，可能是文化大革命的某一個短暫期間，政府鼓勵熱心、年輕的紅衛兵，免費搭火車到全國各地串連，不是要體驗軟臥級或硬臥級的滋味，而是要強化「階級鬥爭」。

　　現在到了三個國定長假期間，中國人都爭著搭飛機，三個長假就是所謂的黃金周，是政府在1999年為了鼓勵與刺激旅遊而制定的，包括農曆新年、五一勞動節和十一國慶三個長假。長假期間人人同時拚命，爭先恐後回到故鄉或前往旅遊景點。有一項估計指出，2006年有3億人走在路上，某一天裡，有2,900萬人前往旅遊景點。2005年五一勞動節長假的第一天，有300萬人搭飛機。

　　旅行社和景點賺到驚人的利潤，若干政府官員卻極為擔心全國運輸系統超載，考慮把假期分散到包括清明掃墓節在內的其他傳統節日中。最後，中國人會降低同時行動的瘋狂狀態，為旅客和旅遊業帶來更大的好處。根據國家

旅遊局的統計，2006年2月的七天假期中，一共有9,220萬人旅行，比前一年成長17.7%。

中國人極為熱切地重新發現自己的傳統，著名的少林寺擠滿遊客，大家觀賞功夫表演，現代中國之父孫逸仙在南京的中山陵遊客更多，而且中國遊客遠遠超過外國人。雖然那裡根本找不到地方買汽水或紀念品，整個由攤販構成的小城鎮卻勃然興起。整頓北京景點、迎接奧運的計畫中，包括首次把攤販和招攬遊客的人從長城趕走、增加輪椅通道，以及改善通往明代皇陵到避暑山莊等每一個地方的英文標示。

這點不表示「外國遊客」受到忽略，或是遭到放棄。可能是因為中國成為經濟奇蹟的新形象，或是歷史古城、少林寺之類功夫廟宇具有吸引力，或者只是因為設施改善，中國在2004年超越著名的義大利、成為入境旅客第四多的國家。如果把香港的數字加進去，中國會變成排名第二的國家。中國的觀光收入達到355億美元，排名世界第六，和1978年大家前往中國比較有可能被人視為間諜時相比，成長超過100倍。聯合國世界旅遊組織估計，2020年前，中國靠著香港、澳門和台灣等地「海外同胞」的協助，會變成世界第一的旅遊目的地。

對計程車司機、目前需求極大的雙語導遊與旅行社來說，這一切都是大好消息，而且根據世界貿易組織的規定，取得營運執照的關卡必須大幅減少，也得提供外國業者更多在中國經營的機會。眾多新設的私立烹飪與旅館學校擠滿農家子弟，他們認為這是找到穩當職業的機會。

雖然過去有用米袋當枕頭的例子，但從一開始熟悉的外國品牌就主導餐旅業，而現在看來，這些外國連鎖旅館只是占住了優勢地位、才要開始真正成長而已。受到忽視的平價市場才是住客率可望滿載的地方，這裡的缺口仍然十分龐大，中國政府一直到2002年才首次推出法規管理這個市場。中國100大二級城市──其中很多城市人口超過200萬──的商務差旅狀況如何呢？2005年時，中國登記有案的11,180家有星級排名的旅館中，只有14.5%由旅館連鎖業者管理，相形之下，美國80%的旅館都由連鎖業者經營。

估計全國總數約26萬家的旅館中，大約有6萬家、合計300萬個客房，被國家旅遊局列為「平價」旅館。我真希望1984年當廉價旅館比較常見時，美國的威倫酒店（Best Value Inn）、富臨大酒店（Best Western），甚至霍華詹森旅館（Howard Johnson）都在中國經營。如今這些業

者都正進軍中國，而且還不是搭著慢船。

　　平價旅館的旅客也必須吃東西，也必須在宴席之間向事業夥伴炫耀，因此南京之類的城市已經根據剩菜的重量訂出過度訂餐的罰金，以便遏止過度的食物浪費。和早年我初次到中國旅遊時相比，這種情形真是驚人的變化，當時根本很難找到餐廳，找得到的餐廳一天也只開張幾小時，你必須提心吊膽，或者應該說是提心吊胃，走過滿地亂丟的雞骨頭，在破舊、骯髒的桌布摺起來之前點到一點點食物。

　　現在據說北京之類的城市裡，餐廳多達10萬家，但是這個數字是誰算的？在四川成都之類的偏遠城市，企業家競相開設有一條街這麼長、可以讓1萬人聚餐的餐廳，進去時別忘了戴耳塞子，裡面賣的是中國式新奇的美味食材，如龍蝦、藏紅花和魚子醬。這些業者一旦有了一點名氣，就到比較富裕的沿海城市開設一連串類似的連鎖餐廳。有很多連鎖餐廳很成功，其中一家叫做俏江南餐飲，客人踩著石頭踏階，走進室內水塘旁邊的私密帳篷裡，吃高檔川菜，俏江南的川菜已經上了航空公司的客機，也計畫到紐約展店，而且已經宣布計畫初次公開發行。令人驚異的是，十家這種規模的餐飲王國占餐廳業2005年全年

營收將近一半，創下空前最高比率的紀錄。大部分餐飲王國都是賣速食水餃的餐廳，展店速度飛快，但是最大的餐廳是1999年在內蒙古創設的小肥羊餐飲連鎖公司，你可以想像到，他們700多家連鎖店裡的菜單都是小羊肉，很多、很多的小羊肉。

野心勃勃的新主題公園、動物園、水療館、度假村、購物中心和博物館，也以驚人的速度增加。（福建一家遊樂園最近因為在投環遊戲中，每一回合提供價值高達3.5萬美元的假「獎品」，遭到關閉。）和旅遊熱潮有關的活動太多，我根本列不完，我只提一件最不像資本主義新中國的活動，就是高爾夫。這種屬於富人和私人球會的運動飛快地吸引了很多新同好，甚至吸引沉迷小白球的人，因此中國人把高爾夫稱為「綠色鴉片」。

從第一家中山溫泉高爾夫球場在1984年不靠著挖土機和其他機械協助下完成後，現在中國的高爾夫球場已經超過200座，總數已經在世界上排名第五，預測每年還會增加20%，緊張的地方政府現在靠著限制土地利用，設法遏阻這種熱潮。年輕人不論是認為高爾夫球對事業有益，還是對健康有益，都成群結隊地上高爾夫球場和高爾夫學校；2005年時，連高爾夫球桿的銷售都增加25%，中國

已經擁有世界上最大的高爾夫球場——深圳令人讚歎的觀瀾高爾夫球會有216個洞。

說到中國的觀光類股，或許最好的想法是買上一籃子股票。

羅傑斯看中國：大紅燈籠高高掛

錦江股份（上海錦江國際酒店發展公司）

上證：900934，A股；600754，B股；香港證交所：2006，H股

三年趨勢：獲利成長49.3%，營收成長7.6%

　　　　這家著名的集團在全國經營150多家大飯店，已經跟Expedia結盟經營，2006年下半年，公司在香港初次公開發行，籌募到24億美元的資金，準備重新裝潢歷史性的和平飯店和旗下很多其他錦江飯店。公司過去三年裡，每年的客房數幾乎都增加一倍。

如家快捷酒店公司

那斯達克：HMIN，ADR

三年趨勢：獲利成長685.4%，營收成長510%

　　如家快捷酒店是中國觀光業快速蓬勃發展的例子，公司由攜程公司共同創辦人季琦在2002年創立，於北京經營四家平價旅館，但是到2007年5月，已經成長到在41個城市擁有145家飯店。公司的營業模式包括授權品牌經營，上市第一天，股價暴漲59.4%。

　　莫泰168旅店聽起來一點也不像出自中國，事實上，這家連鎖旅館是第一家掛英文招牌的本地連鎖旅館，但是這家公司還沒有公開上市，由另一家還沒有上市的上海美林閣公司擁有，正在巨幅擴張的平價住宿市場中大力擴展。另一家全新的頂星公司也還沒有上市，宣稱要在2015年前，開設1,000家連鎖旅館。

　　世界歷史最悠久的旅館業者洲際酒店集團公司（InterContinental Hotels Group，紐約證交所：IHG），看上北京奧運和其他因素的激勵，已經在中國設立50多家大飯店（包括承諾經營北京奧運主要會場上的豪華大飯店），計畫在2008年前，再增設70家大飯店，包括旗下的皇冠假日酒店（Crowne Plaza）。萬豪國際酒店公司（Marriott，紐約證交所：MAR）則計畫在2010年前，把經營的大飯店從35家增加為100

家。法國雅高集團（Accor，歐洲證交所：AC）認為中國是最為重要的市場，已經在中國設立30家大飯店。

首旅股份（北京首都旅遊公司）

上證：600258，A股

三年趨勢：獲利成長30.6%，營收成長8.3%

　　這家公司擁有兩家四星級大飯店，一家是北京民族飯店，另一家是北京京倫飯店，預料會從北京奧運中得到好處。但是這家公司也在位處熱帶的海南島經營度假村，而且擁有自己的旅行社。

峨眉山（峨眉山旅遊公司）

深證：000888，A股

三年趨勢：獲利衰退10.1%，營收成長30.5%

　　這家公司經營的所在地是備受愛戴的四川峨眉山，峨眉山是中國五大宗教勝地之一，信徒靠著腳夫和食物攤販的協助，花幾天的時間辛苦朝山，然後站在寺廟大殿上，觀賞雲霧繚繞的秀麗景色。這家公司經營從門票銷售到纜車之類的所有業務，還設有旅館和旅行社。

黃山旅遊（黃山旅遊發展公司）

上證：600054，A股；900942，B股

三年趨勢：獲利成長107%，營收成長54.1%

　　這家公司經營中國更有名的黃山，黃山在安徽省境內，你或許已經在中國的山水畫或在電影《臥虎藏龍》中，看過黃山陡峭的石灰岩峭壁和壯麗的景色。獨占經營名山勝水的這些賺錢公司有一個值得警惕的地方：新法規規定，未來三年內，門票漲幅不得超過35%。

桂林旅遊（桂林旅遊公司）

深證：000978，A股

三年趨勢：獲利成長21.6%，營收成長22.2%

　　擁有同樣的獨家經營權，經營中國西南部漓江著名的喀斯特地形之旅，這裡是中外遊客必遊的地方。

西藏旅遊（西藏聖地公司）

上證：600749，A股

三年趨勢：獲利衰退6.2%，營收成長15.1%

　　這是西藏唯一公開上市的旅遊公司，公司經營旅遊點開發、套裝行程、旅館服務與礦泉水出口。2006

年7月，青藏鐵路開通後，西藏的遊客人數創下空前紀錄，西藏勝地公司應該會從中獲利。

「中國風」噴射客機

我第一次到中國時，每一個人都喜歡說，國有獨占民航業者中國民航總局的縮寫CAAC，代表的是「中國航空總是墜機」（Chinese Airlines Always Crash）。現在這家公司已經多角化經營，這種輕蔑笑話大致上已經過時。事實上，因為經過延誤已久的整頓和民營化、機隊效率提高、旅客人數不斷增加、中國的民航業看來已經十分健全，而且相當能夠避免各式各樣的空難。

我對航空公司大致上抱著看好的態度，這種態度的確也包括中國的業者。畢竟從2000到2006年間，世界航空業虧損了幾十億美元，至少有五家世界性的大公司重整或聲請破產。如果這樣子還不是底部的信號，我不知道什麼才是。而且沒有人會再因為油料價格的波動而覺得意外。每一個人都知道空中巴士的問題，波音公司的產能又已經賣光光，下一代機隊的供應會受到限制。機場本身也要配合成長，但是將來會有五年的好時光，中國市場的好時光

可能更長，因為中國仍然向著機場跑道極力衝刺。

　　簡單來說，中國航空業是世界上成長最快的業者，政府一直到1980年才開始准許目前檯面上的航空公司獨立經營。中國民航總局六大核心航空公司中的第一家──中國西南航空1987年才開張。背國旗的航空公司中國國際航空1988年才成立。但是因為油料成本上漲和效率普遍不彰，航空業出現驚人的虧損。這種情形在2004年的整頓後消失，這一年裡，中國民航總局決定分成三大集團：中國國際航空、中國東方航空和中國南方航空。目前這三家公司占有航空客運市場一半以上。同時，六家非中國民航總局的航空公司也組成中空航空企業集團，旗下擁有大約1,000架客機、500條航線，但是到了去年，好幾家主要業者脫離這個集團，投奔占優勢地位的中國民航總局集團。

　　現在每一家飛機製造廠和供應商都急著完成中國的訂單，例如波音已經把高達三分之一的機隊零組件放在中國組裝；2005年，中國六家航空公司訂購60架波音先進的787客機，準備在北京奧運前投入服務，大大振奮了波音公司。2006年時，商務部長薄熙來說，2020年前，中國還另外需要2,000架飛機以滿足將來會變成比美國市場大

三倍的空運市場。中國民航總局估計，未來五年內，中國的民航公司每年要添購100到150架客機。然而，中國當買主的時間也不會太久了，高級官員已經宣布，政府已經把15年內在中國生產廣體噴射客機列為最高優先計畫。

但是中國航空公司碰到的主要問題是能否有效地利用增加的運能，業者需要在超紀錄的短時間內，訓練數量創紀錄的駕駛員。此外，中國迫切需要更多短程航班與客機，70人座以下的客機占美國市場的38%以上，但只占中國市場的9.8%；比較小型的地區性機場目前只輸運中國6%的旅客。

連機場也在更新，北京機場為了配合奧運帶頭擴建，該機場2004年發布的新聞稿說明了變化的速度：「北京機場花了33年將年度旅客數量從0增加到1,000萬；花了七年，從1,000萬增加到2,000萬；然後不到四年，就從2,000萬增加到3,000萬。」到2006年，預期旅客數量會超過4,000萬人。

中國的新機場像亞洲國家大部分機場一樣，使世界其他國家的機場蒙羞。如果你像我一樣，必須利用紐約的甘迺迪（Kennedy）和拉瓜地亞（LaGuardia）機場，你可以看一看，然後發現破落、過度擁擠、沒有效率的第三世

界機場，有些領取行李的大廳甚至沒有廁所，比起中國嶄新、發亮、附設有高檔購物中心與醫療中心和航廈內旅館的虛擬城市，簡直無地自容。

如果你想知道中國人對股市多有信心，可以看看交易所中有多少檔機場股。看來每家公司都希望得到隨著上市而來的名聲與營運資本。機場可能是投資航空業擴張的好方法，又不必冒著預期隨著可能的併購與結盟而來的震盪風險。

這一切是在美國人的幫助下開始的，1929年，當時美國最大的航空公司柯蒂斯萊特（Curtiss-Wright）和中國政府合作創設中國航空公司，但是很快的，柯蒂斯萊特和國民政府領袖蔣介石發生爭執，就把中國航空公司的持股賣給泛美航空公司（Pan Am）。第二次世界大戰期間，日本人切斷了從惡名昭彰的滇緬公路運來的補給，中國航空率先飛行印度與中國之間危險的補給航線，中國航空機員在美國著名的飛虎航空隊協助下，飛越喜馬拉雅山脈超過3.8萬次以運輸重要物資。1949年中華人民共和國成立時，泛美被迫把中國航空公司的持股賣掉，中國航空併入聲名狼藉的中國民航總局。

今天中國國際航空公司希望進一步整合，以便與超

大型的國際航空業者競爭。大型國際航空公司現在不斷地
飛行中國的新航線，同時，外國人不太了解的中國民航業
者，如中國北方航空公司，將來會越來越常飛國際航點。
911事件之後，中國協助國際民航業者，從飛經阿富汗戰
區順利改道飛行，證明中國在世界航空業中已經成熟。

　　1999到2001年間，中國地區性航空公司發生很多事
故，但是在隨之而來的革新之後，事故已經大減，雖然笑
話還在流傳，國家航空公司中國國際航空卻擁有優良的飛
安紀錄。

羅傑斯看中國

中國國航（中國國際航空）

上證：601111，A股；香港證交所：0753，H股；OTC：
AICAF，AIRYY

三年趨勢：獲利成長24.6%，營收成長34.9%

　　中國國際航空是國家航空公司，也是2008年北
京奧運的正式贊助廠商。2006年時，中國國際航空
和國泰航空公司簽訂價值82億港元的合約，把持有
的港龍航空與令人羨慕的大陸航線航權，賣給國泰航

空，以換得國泰航空17.5%的股權、國泰航空的國際網路與互惠的銷售代理權。中國國際航空業加入星空聯盟（Star Alliance），以便提高國際業務的能見度。

東方航空（中國東方航空公司）

上證：600115，A股；香港證交所：0670，H股；紐約證交所：CEA，ADR

三年趨勢：從獲利6,680萬美元，變為虧損3.364億美元，營收成長85%

中國東方航空總公司設在上海，可能是你從來沒有聽過的航空公司中最大的一家，以營收而言，東方航空是中國第三大航空公司，2006年的載客量成長49%以上，但油價高漲、一次空難和經營階層換人，卻嚴重打擊獲利。然而，公司計畫以出售20%股權給新加坡航空的方式，把剩下的所有國有持股變成上市交易的股票。2010年的上海世界博覽會對公司也不會有害。

南方航空（中國南方航空公司）

上證：600029，A股；香港證交所：0753，H股；紐約證

交所：ZNH，ADR；OTC：CHKIF

三年趨勢：獲利成長29.7%，營收成長34.1%

　　中國南方航空計畫利用既有基礎，變成中國與非洲新貿易夥伴之間的主要運輸業者。中國南方航空已經飛行廣州到拉哥斯的航線，而且正在開闢第一條直飛安哥拉的航線，這是公司2007年初所宣布十條新國際航線中的一條。

海南航空（海南航空公司）

上證：600221，A股；900945，B股

三年趨勢：獲利成長100.3%，營收成長48%

　　總公司設在以度假聞名的海南島，就營收而言，海南航空是中國第四大航空公司。2006年時，海南航空得到中國民航總局頒發的「安全性、航班準點率與顧客滿意度」三大最高獎項，在備受延誤困擾的中國航空業中是重大成就。海南航空正在利用「大新華航空」的新品牌，專門經營比較短程的航線；將來要整合旗下三家地區性子公司，而且甫向巴西航空工業公司（Embraer）購買100架比較小型的客機。

　　平價航空公司也在測試中國市場。上海春秋旅行

社旗下的春秋航空提供包機航程；吉祥航空公司主導經常飛行的商務客，希望2007年內，把機隊擴大為13架飛機；天津奧凱航空公司從2005年起，在經營客運業務之外，也配合經營航空貨運。要注意這些公司未來的上市狀況。

北京首都機場股份（北京首都國際機場公司）

香港證交所：0694，H股；OTC：BJCHF

三年趨勢：獲利成長43.7%，營收成長0.84%

你希望直接持有芝加哥奧哈爾機場（O'Hare）、洛杉磯國際機場或新丹佛國際機場的股權嗎？如果你在美國不能買，到中國買吧。中國有極多新擴建的機場追求隨著公開上市而來的名聲，購買中國的機場股，變成從中國航空市場成長獲利的好方法，奧運對極為現代化的北京機場也大有幫助。

廈門空港（廈門國際航空港公司）

上證：600897，A股

三年趨勢：獲利成長59.6%，營收成長34.5%

這家公司也值得注意，廈門是中國與菲律賓航線

的主要目的地，因為很多菲律賓華人當初來自台灣正對面的福建省。

上海機場（上海國際機場公司）

上證：600009，A股

三年趨勢：獲利成長17.2%，營收成長25.6%

這是另一座客貨運會增加的世界級機場，機場位在浦東新區，1999年落成，一年可以輸運6,000萬旅客，但是2010年上海世界博覽會時，預期會輸運更多旅客。

注意了，寂寞星球旅遊網（Lonely Planet）！今天的馬可波羅不會再利用駱駝商隊踏上旅途，而是扣緊安全帶。他們也會像馬可波羅一樣，回國描述東方奇妙的景象。

第七章
你投資農業了沒有？

黃豆根本沒有什麼吸引力，稻田也不是夢想中的田地，果園不會像中國雅痞駕駛法拉利跑車或是某個城市因為生產世界所有呼拉圈而繁榮發展一樣，變成報紙的頭條新聞。

但是中國可耕地比率堪稱世界最低、農地產出卻高居世界第一的消息，會成為頭條新聞嗎？而人類史上最大的人口集團生產力解放，的確是令人大為驚奇的消息，根據中國官方2005年的定義，中國農村人口高達9.4億人。

政府的計畫、加工效率提升與特殊產品出口飛躍成長，使中國農村地區起死回生。2006年特別值得大書特書：中國農產品生產躍增14.1%，價格上漲20%。在世界市場的刺激下，又在接下來會說明的世界貿易組織反保護主義法規的協助下，中國最近廢除了古老的稅賦，同時增

加誘因,然後在各種投資的協助下,促成延遲已久的農業轉型,蛻變為現代農企業。

策略像口味增加的速度一樣快,但是中國正在展開一場涉及龐大利益的競爭,大家爭相在中國的土地上,設立像美國艾地盟(Archer Daniels Midland)、通用磨坊(General Mills)與家樂氏(Kellogg)等大型農企業規模的公司,中國從飼育場到美酒等各方面,可能提供極多大家還不知道的投資機會。

第一次聽到中國人互相打招呼時經常客氣地問:「吃飽沒?」我像很多其他旅客一樣覺得驚訝。中國針對這個老問題提出的新答案中,可能潛藏著一些投資機會,下文會詳細說明。現在中國領袖終於認真地看待農業問題,或許你也應該這樣。

成長的痛苦

中國目前的統治者有理由擔心廣大的農村地區。千百年來,農民起義協助推翻了最高高在上的皇帝。1980年代時,中國的改革過程推進到重要的農村地區。鄧小平明智地選擇農村,進行市場改革試點計畫,豁免農民為沒有效

率的公社生產，廢除了勉強只能糊口的物價管制。在包產到戶的制度下，中央政府准許農民利用多餘的農產，從事在共產制度下屬於非法的私人企業活動。這種以誘因為基礎的制度發揮了作用，促使中國在1982到1984三年間，創造了穀物、棉花與其他作物創紀錄的豐收。此外，這種制度鼓勵農民在生活中的其他層面上變成企業家。民間市場出現，農業城鎮變成商業與貿易中心。在改革初期，這些農企業成為中國經濟中成長最快的部門，每年成長20至30%。

　　到1987年，超過一半的農村經濟由非農業活動構成，各地村莊蓬勃發展，我在1986年暢遊中國東南部地區時親眼看到這種現象，每一個地方的農民過去居住的簡陋農舍，都換成現代的二層樓建築，有些建築前面還擺了雕像裝飾。農村所得提高加上糧食品質提升，促使領導人也解除城市地區的社會主義束縛。此外，鄉村和城市的小型新工業蓬勃發展，稅收增加，提供了每一個地方更新基礎建設所需的資金。

　　後來，城鄉角色互換，中國的製造與服務業起飛後，中國農業受到機械老舊與土地面積狹小的限制，腳步根本跟不上（根據最新的資料，中國一共有2億小農戶）。

1952年時，農業生產占國內生產毛額的50.2%，到2005年，比率已經降到只有15%，繳納的國稅不到5%。城鄉所得的差距擴大，1978年時，城市居民的所得是農村居民的2.6倍，到2006年，已經擴大為3.2倍。雖然企業風潮橫掃全國，中國的農村地區仍然相當沒有生產力，每一個農民耕作一英畝田地；相形之下，美國每一位農民耕作140英畝。更明顯的是，統計指出，中國每一位農村勞工創造的「附加價值」比美國農民少200倍。難怪18到40歲的男性會離開農村，到城市去工作，因此比較大型的「龍頭」企業最後會承租廢耕的土地，推動比較機械化的耕作。

農村地區經常為了生活水準和貪腐問題發動抗議，造成社會不安，變成中國日漸嚴重的問題。對中國經濟更大的威脅是占全國消費者60%的農村居民，消費力低落，因此中國政府在最新的五年計畫中，極為重視縮短城鄉差距。上至總理溫家寶在內的中國領導人，一直勤於下鄉到農村的婚禮上和農民握手，暢談政府計畫，諸如提供比較乾淨的飲水、加強電氣化設施、培養電腦化世代的鄉間學童。創紀錄的420億美元農業基本設施投資，回應了溫家寶的談話。政府希望提高農業研究的資金，興建更有效率

的灌溉系統、零售市場與電子商務，這種支持會為民間投資人創造很多機會。

　　中國因為關切廣大的農民，在加入世界貿易組織條約的談判中，爭取到繼續大幅補貼農民的權利，對農民推動改善與機械化的補貼，最多可以占到農業產出的8.5%。為了協助農民更新農業機械，中國政府也採取金融合作社民營化的措施，因此2001到2005年間，農業放款增加了一倍。入世條約從2001年生效後，也准許中國政府以高於國際市場的價格繼續向農民收購若干基礎作物，中國政府發現2001到2004年間，稻米、小麥與玉米的栽種面積減少後，也採取了這種行動。

　　但是入世條約特別規定，中國有權不透過國營貿易企業或中間人而進口農產品。這點有助於抑制從事菸草與棉花之類產品專賣、接受國家資助的機構定價與制定配額的權利，同時准許外國企業打入大陸運輸與流通部門。中國的黃豆油、葡萄酒與棉花進口關稅大致上已經減半，從過去高不可攀的水準，降到合理的水位。這種競爭迫使中國農業必須快速提高效能，也表示中國必須破除傳統的小農制度，政府必須放棄代價高昂的糧食「百分之百自給自足」的政策。

　　因此，2002到2004年間，農產品進口急速增加，從大約100億美元增加為250億美元。這些進口農產品大多是美國生產的玉米、小麥和黃豆，這可以看成是中國某些弱勢項目的潛在信號。但實際情形正好相反，這些進口農產品更加顯示出中國食品工業的蓬勃發展，為國外廠商進入中國市場提供了更多管道，歐美的優秀企業可以成為長期供應商。實際上，中國的經濟並沒有因此受損，相反是受益了，因為加強與國外供應商的合作可以促使中國農民更合理地使用寶貴的土地。對於土地資源稀少的中國而言，確實非常應該繼續進口那些需要土地密集、自己又不能妥善管理、或無力供應的小麥和棉花之類的作物，同時中國的農民也可以專注於出口的作物。根據世界銀行估計，如果中國繼續減少基本穀物的種植，到2010年，整個中國經濟可以得到50億美元的好處。

　　中國的稅務官員同樣明白傳統的農業稅制度應該放棄，不再認為農民應該養坐辦公室的官員。從2004年起，中國有20省取消穀物生產的所有稅負。2006年時，中央政府甚至採取空前未有的做法，取消每一個農家的戶稅，戶稅從1958年起開徵。實際上，戶稅用不同的方式，已經開徵了2,600年！這樣做不只是象徵性的行動而

已，因為戶稅過去占政府歲入總額的3%。中國一家新成立的民調公司（民調也是另一種急速成長的行業）報告指出，這種古老的稅負免除後，「98%的農民都很高興」，我不知道另2%的人是什麼樣的農民！

協助提升基本糧食品質的新農業公司也可以得到租稅抵減。例如下文會提到的博迪森生物技術公司（Bodisen Biotech Inc.），因為生產對環境有利的新肥料，可以豁免農業與所得稅。

現代農企業在開發中國家立足後，跟收穫量與價格有關的資訊也變得比較可靠，這點對於需要精確資訊做基本決策的投資人而言十分重要。大躍進期間，公社農民會急匆匆地堆起舊麥稈，堆到荒謬的高度，希望在毛主席的列車疾馳而過時能爭取好印象。一直到最近，省級領導人還經常高估收穫量，以便顯得自己比較能幹，國有貿易專賣機構對存糧一直秘而不宣，就好像若干國家保持鈾燃料棒的秘密一樣。但是中國蓬勃發展的農企業已經知道，要進入世界市場經營，入場券是正確的會計、檢驗與標籤。在這段過程中，可能有一些作物會受到污染，名聲會破壞——對世界消費者來說誠屬不幸，但是對投資人卻不是壞事，因為暫時性的問題可能帶來投資機會——而中國會

在間歇發生的問題中,學到怎麼用更嚴格、更誠實、更公開的方式管理食品工業。

因為獲利是用本國貨幣計算,投資中國農業或許也是從人民幣必然升值的趨勢中賺錢的好方法。其中只有一個問題,因為農業改革的過程落後,農業的波動幅度還是比較大,旱災、水災、世界商品價格變化,或僅存的少數專賣貿易公司異想天開,可能造成突然的變動。2007年夏天,中國有些出口食品的品質和安全性出問題就是一例。但是最能夠減輕中國成長痛苦的公司,將會獲得巨大的報酬。

羅傑斯看中國:再見吧,公社!

中國糧油國際公司

**香港證交所:0506,H股(以中國食品公司名義掛牌);
OTC:CFITF**

三年趨勢:獲利成長257.9%,營收成長54.9%

總部設在香港的中國食品是實力極為堅強的供應商,也是經手大部分食品工業產品的主要企業集團。這家公司從1952年成立的大型國有公司順利轉型,於1999年公開上市,表現穩定,甚至是可口可樂的

合夥裝瓶廠商。如果大能夠讓你安心，告訴你，中國食品是財星500大公司之一，整體貿易額占中國穀物、食用油與糧食進出口總額4%之多。2007年，公司宣布在五年內，計畫讓旗下不同的事業單位上市。

ST大江〔上海大江（集團）公司〕

上證：600695，A股；900919，B股

三年趨勢：虧損從3,080萬美元減為697萬美元，營收衰退28.7%

雖然股價在公司整頓之際下跌，大江似乎決心擴大以豬與家禽飼料為主的核心動物飼料業務，成為中國大型食品經紀商，而且在雞飼料業務方面大有斬獲，目前從事包括豬肉丸到冷凍漢堡之類一切食品的零售，決心「開發本國、本地特殊口味與歐洲、美國、東南亞與拉丁美洲特殊口味，滿足不同顧客的需求。」

中牧股份（中牧實業公司）

上證：600195，A股

三年趨勢：獲利衰退46.7%，營收衰退78.7%

是另一家主要飼料供應商,銷售華羅牌飼料,也是動物疫苗主要供應商。

海通集團(海通食品集團公司)

上證:600537,A股

三年趨勢:獲利成長41.4%,營收成長6.4%

　　海通總部設在肥沃的長江三角洲,加工兩百種冷凍、罐頭與脫水產品。公司強調「綠色食品」,宣稱對殺蟲劑進行嚴格的檢驗程序,也對日本與南韓出口日式食品,目前正針對日本新訂的標準進行調整。

外食大進擊

　　美國小說家賽珍珠(Pearl Buck)在《大地》一書中,把中國浪漫化,但是千百年來,中國大地對這塊土地上的人民根本不算好。中國的人口占世界總人口20%以上,卻只擁有世界可耕地的7%。換個方式來說,中國的可耕地面積只有美國的四分之三,開口吃飯的人卻有四倍半。

　　我騎機車近距離遊歷這塊大地時,實際上經過了每一種令人痛苦的泥土,包括貧瘠的農地、崎嶇的峽谷和峻峭

的沙漠。但是中國人靠著累積千百年的集體農藝技術，經常可以把荒地輕易地變成一畦一畦、整齊畫一、長滿綠葉的田地。（事實上，中國人發明了在一畦一畦、整齊畫一的土地上播種的觀念。）中國農民擺脫公社後，利用很多種作物和肥料，幾乎在每一種領域中，都創造了超過世界平均值的每畝收成量，而且在種菜方面，遠遠勝過美國。

中國領導人仍然決心糧食得自給自足，一份國務院1996年《中國的糧食問題》報告中，明確宣示達成95%自給率的目標，令人驚異的是，中國人在大部分領域中都達成了目標。以2002年為例，這一年是中國加入世界貿易組織、降低關稅的第一年，很多人預測，小麥之類的主要穀物進口會飛躍增加，實際上，中國卻首次變成食品淨出口國，雖然中國消費者胃口大開，這種趨勢卻持續維持，從2000到2004年間，中國藉著加強具有相對競爭優勢的農產品出口，從世界第九大農產品出口國躍升為第四大。

當我參觀沙漠綠洲城市哈密時，了解到北京的皇帝靠什麼方法能在幾天內品嘗到現摘的美味哈密瓜。為了進一步加速運送能力，中國正在「穀倉」四川省的省會成都，設立國際蔬果貿易中心。現在中國農民不再受到限制，不

再用自行車搬運農產品，不到十年內，農產品出口值就增加一倍，而且從2001年中國加入世貿組織以來，農產品出口的動機進一步加強，不但表現在比較高的收穫量上，也表現在現代化的運輸、果汁生產設備、冷凍食品，以及中國可以用強大競爭優勢生產的勞力密集作物新重點上。

例如果園需要剪枝和不斷的維護。千百年來，山東肥城生產的桃子一直是皇帝最愛吃的東西，最近肥城因為單一桃園生產出世界最大量的桃子——一次收成350萬磅的桃子，被列入金氏世界紀錄。2005年，果農的生產再度創下紀錄，水果出口總值達1.89億美元、比前一年躍增66%，而且中國生產這種水果的成本只有美國的40%、日本的20%。

難怪大部分富士蘋果是從中國的樹上摘下來的！難怪蘋果汁的出口爆炸性成長：從1994到2000年間，中國果汁銷售額成長18倍，而且中國人對這種成長還沒有幫上什麼忙，因為中國每人每年果汁消費量不到二公升，遠低於已開發國家每人平均40公升的消費量。我們都知道，「沒有什麼東西比蘋果派更能代表美國」，但是美國消費的濃縮蘋果汁中，高達95%是中國的產品。雖然中國果汁廠商因為以低於世界行情一半的價格傾銷蘋果汁而遭到

罰款，卻不能阻止他們進一步侵蝕美國蘋果產區的經濟。

中國人大舉出擊，雖然不是躲在船艙裡而是裝在紙箱中，這種情形仍然有很多值得玩味的地方。俄羅斯也是椰子、葡萄、梨子和杏乾的重要市場，中國洋菇和大蒜也打進全世界的超級市場。農曆春節期間，像歐美聖誕樹一樣代表吉利和新生的桔子，大量出現在亞洲其他國家，而且一箱一箱各式各樣的中國柑橘，如今在所有季節裡都變成常見的水果。

中國人早已看準歐盟市場迫切需要柑橘，已經大舉進攻，導致西班牙果農像美國果農一樣，一直要求加強保護。中國的草莓也大有斬獲，比利時大型果醬廠商梅登康福祿公司（Materne-Confilux）最近承認，選擇價格只有波蘭草莓一半、由新進廠商保定冰花食品生產的中國草莓，因而引發一陣騷動，在價格方面，各國根本不能和中國比。

 羅傑斯看中國：不只是果汁

國投中魯（國投中魯果汁公司）

上證：600962，A股

三年趨勢：獲利成長60.9%，營收成長54.9%

中魯生產蘋果、梨、胡蘿蔔與棗子汁——不錯，是棗子汁。中魯占有世界市場的10%，提供原料給雀巢（Nestle）之類的企業集團。2004年，中魯成為中國濃縮果汁加工業中第一家半公開上市的公司。

安德利果汁（煙台北方安德利果汁公司）

香港證交所：8259，H股

三年趨勢：獲利衰退32.4%，營收成長39.5%

這家公司成立才十年，是新進廠商，卻在現代化加工設備以及迫切需要的「二次沈澱消除科技」的研究發展上大舉投資，變成急速成長的蘋果銷售熱潮中的領導廠商。到目前為止，這家山東公司的產品95%都是出口，該公司的濃縮清汁贏得中國頂尖品牌的獎項，工廠也生產果膠，甚至生產猶太人消費的高聖（kosher）產品。

匯源果汁（中國匯源果汁集團公司）

香港證交所：1886，H股

三年趨勢：獲利成長851.1%，營收成長78.3%

匯源在2007年公開上市，募得3.07億美元的資

金。匯源的國內和出口銷售都高居第一。法國達能集團（Groupe Danone）、華平創投（Warburg Pincus）和台灣統一企業等都是該公司的策略性投資人。

東方食品控股公司

新加坡證交所：5FI，S股

三年趨勢：獲利衰退83.1%，營收成長0.01%

雖然這家公司的表現平平，花生仍然值得一提，花生是中國最古老的作物之一，也是中國人宴席上不可少的東西。這家花生公司產品出口日本和韓國，也生產花生油、花生粉和其他副產品。

滿足糧食需求

我第一次到中國，接受招待吃飯時，大致上看來都像是主人找藉口趁機大吃稀少的美味（像是吃牛肉，如果幸運的話，吃一條全魚）。現在每一家像樣的餐廳都有好幾個水箱，裡面放滿了魚，肉品加工機械的銷售每年躍增30%。根據最新資料顯示，312家公司供應了亞洲肉品產量的71%。

中國已經是世界最大豬肉生產國、第二大雞肉生產國、第三大牛肉生產國。談到一般的家禽和家畜時，從1990到1998年間，中國生產的牛肉和雞肉增加了四倍，牛奶增加了六倍，雞蛋則增加了八倍。這些東西大部分都是供應國內消費，尤其是都市居民希望吃品質更好的東西，食品服務業繼續快速擴張。

這點表示農業循環中的每一樣東西，例如飼育場，甚至拖拉機與農業機械生產廠商，都會從日增的需求中得到好處。大家會用「食物鏈」這個名詞絕非毫無道理，例如1978年時，中國飼養牲口需要的飼料為60萬噸，20年後，增加為6,300萬噸。因此整個90年代期間，國內飼料廠商的生產每年成長15%。最近五年內，飼料廠商的數量增加了十倍。

這種情形進而導致玉米、黃豆與生產高蛋白飼料所需要的其他產品需求大大增加，促使中國增購穀物和其他蛋白質產品的是牲口的胃口，而不是人的口味。令人驚異的是，因為美國式的牲口飼養，發明醬油的國家現在變成世界最大的黃豆進口國，2005年內，向美國農民採購了30億美元的黃豆，占世界黃豆銷售量的40%。中國大連、上海和鄭州三大期貨交易所中的大連商品交易所，交易的黃

豆合約數量已經超過芝加哥。你也可以把美國黃豆出口商當成間接投資中國的方法。

不論是買是賣，今後中國會變成農產品與商品市場的主力。但是中國五分之四的肉類仍然由小農生產，這點表示中國應該也需要能夠協助肉類生產線追蹤、貼標籤、整合與加強衛生的公司。隨著農場規模擴大，當年在很多農村道路上擋著我的去路、看來像人力車與割草機拼裝的舊式單汽缸拖拉機會越來越少，被比較大、比較先進的機械取代，美國、甚至印度公司都睜大眼睛，注意中國政府協助農民負擔高達三分之一成本購買新機械所產生的需求。但是健全的中國機械廠牌也逐漸向世界各國出口，用很有競爭力的價格大有斬獲。現在美國——已經有一個中國拖拉機所有人協會了。

 羅傑斯看中國：種子基金

雙匯發展（河南雙匯投資發展公司）

深證：000895，A股

三年趨勢：獲利成長49.3%，營收成長50.5%

外國投資人似乎垂涎中國的肉品加工業，投資銀

行高盛公司、鼎暉投資公司（CDH Investment）和這家號稱中國最大的國有企業加工廠，甫完成金額接近2.5億美元的合資事業。

雨潤食品（中國雨潤食品集團）

香港證交所：1068，H股

三年趨勢：獲利成長188.7%，營收成長82.7%

這是吸引外國投資人的另一家加工廠，主要從事豬隻屠宰與冷凍豬肉銷售業務。此外，這家公司也是知道怎麼生產煙燻鹹肉與義大利辣味香腸的中國廠商。

敦煌種業（甘肅省敦煌種業公司）

上證：600354，A股

三年趨勢：獲利衰退57%，營收成長19.8%

令人驚異的是，中國的玉米種植面積高居世界第二、僅次於美國，其中一半位在遙遠的甘肅省，美國杜邦公司（DuPont）剛剛和甘肅省敦煌種業公司組成合資事業，增產雜交玉米種子。這家中國公司也在全中國協助栽培棉花與瓜類。

登海種業（山東登海種業公司）

深證：002041，A股

三年趨勢：獲利衰退92.9％，營收衰退4.7％

　　美國先鋒集團已經買下山東登海公司將近一半的股權，登海種業在2000年創立，專門經營玉米與蔬菜種子，擁有驚人的產量（例如每年可以生產2,500萬磅玉米種子）。登海1985年時以研究公司起家，投資金額2,400美元，目前申報的資產高達1.161億美元。創辦人李登海以「玉米大王」聞名，他以每公頃超過16噸的佳績，刷新世界玉米收成量紀錄。

悅達投資（江蘇悅達投資公司）

上證：600805，A股

三年趨勢：獲利成長19.8％，營收成長44.4％

　　超級市場的手推車越大，拖拉機就會變得越大，因此拖拉機已經變成中國的大型企業。江蘇悅達是暢銷的金馬牌拖拉機生產廠商，也有很多其他產品，包括黃海牌小型手扶拖拉機。公司在1959年創立，年產能11萬台，產品暢銷美國、法國和中東。這家控股公司甚至經營幾條主要的公路。

第一拖拉機（第一拖拉機公司）

香港證交所：0038，H股

三年趨勢：獲利成長632.4%，營收成長43.7%

　　第一拖拉機是另一家主要農業機械廠商，但是湖北機械設備進出口公司營收雖然排名在中國200大企業中，卻還沒有上市。

從毛主席到肯德基上校：飲食結構轉變

　　中國人以什麼東西都吃聞名，我從自己的親身經歷知道得太清楚了，我看過著名的蛇肉攤販把蛇膽挖出來，把膽汁擠到酒裡，變成蛇膽雞尾酒，但是近來中國喜歡嘗鮮的美食家已經超越駝峰，改為品嘗真正屬於外國的食物。在古老的北京城裡，還有什麼東西比費城牛肉煲或上面灑鳳梨的夏威夷比薩還奇怪？西方行銷和西式食品蜂擁而來，改變了歷史悠久的蔬菜和米飯，這點表示新近擴大的農業部門獲利大增。

　　1966年毛主席勸告紅衛兵「為人民服務」時，紅衛兵可能考慮從事辦酒席的行業：中國人攝取的營養當中、澱粉占67%，肉類占不到4%，糖占1.3%，蔬菜幾乎也一

樣稀少，每個人每年吃30磅。現在米飯所占的比率已經從37%降為27%，肉類和魚類增加了四倍。肯德基炸雞創辦人桑德斯上校（Colonel Sanders）的雕像比毛澤東的雕像還多，麥當勞又大量在中國開設新店，中國所生產的馬鈴薯當中，有40%要滿足炸薯條日增的需求。星巴克（Starbucks）和必勝客的經營也極為成功，這點表示在大家認為多數人口缺乏適當的酶消化乳糖的國度裡，乳酪和牛奶的市場不斷擴大。

2006年內，中國喝掉的牛奶占世界牛奶供應量的13%。以中國的人口來說，即使比率只稍微增加，也代表乳品需求大幅成長——十年來，需求每年一直增加將近25%。從亞洲其他國家的經驗來看，未來還有很大的成長空間。根據美國農業部的統計，南韓每人消耗的牛奶比中國多7倍、比台灣多11倍、比日本多16倍。

難怪到2002年時，中國已經有1,600家企業從事乳業，有些公司甚至利用過剩的資源，開始生產少量羊乳酪與牛乳酪。優格的銷售、尤其是具有健康概念的「益生菌」優格，也以同樣快的速度成長。從2000年到現在，遼寧省的乳牛頭數已經增加三倍。

在我到過的每一個國家裡，經濟急速成長後，都會有

想吃高卡洛里食物的期望。中國年輕人逐漸習於喝汽水，不再喝茶，越來越多的人買得起冰淇淋和酥餅，表示另一種世界基本商品的需求大幅躍增。事實上，中國的糖消耗量已經躍升到世界第五位。

這點表示，雖然1980和1990年代裡，中國的糖產量增加34倍，現在是世界第四大糖生產國，近年來，中國糖的供應每年仍然短少將近200萬噸。但是糖業仍然生機勃勃，從2001年加入世界貿易組織以來，進口的糖加入競爭，使糖價大約下降30%。這點表示2006年內，大約有150家比較小的糖廠可能破產，其他影響因素包括氣候惡劣以及中國消費者轉向比較不會增胖的人工甘味。

 羅傑斯看中國：速食配料

南寧糖業（南寧糖業公司）

深證：000911，A股

三年趨勢：獲利成長32.1%，營收成長56.7%

　　產量占中國糖總產量的4%，也對歐洲、中東與亞洲其他國家出口，同時供應穩定的客戶如百事可樂（Pepsi）與可口可樂公司。

峻煌生化科技集團公司

新加坡證交所：C86，S股；OTC：CBTKF

三年趨勢：獲利成長63.8%，營收成長109.7%

　　峻煌生化為了因應代糖日益流行的趨勢，計畫用玉米生產人工甘味，峻煌擁有中國菜勾芡所需的玉米澱粉龐大產能，也生產麵麩、烈酒，甚至生產汽車所需要的乙醇，在中國東北的瀋陽，有一座產能10萬噸的工廠。

蒙牛乳業（中國蒙牛乳業公司）

香港證交所：2319，H股；OTC：CIADF

三年趨勢：獲利成長120.1%，營收成長125.2%

　　蒙牛是中國和香港兩地牛奶銷量最大的廠商，公司生產奶粉、牛奶、優格、冰淇淋與各種以牛奶為原料的飲料。公司名稱與品牌代表「蒙古乳牛」，卻也是「猛牛」的諧音字。蒙牛最出名的行銷方法是贊助和《美國偶像》（American Idol）類似的中國電視節目，這個節目還有一個令人流口水的名字，叫做《蒙牛酸酸乳超級女聲大賽》，節目的最後一集在2005年播出，吸引了4億觀眾，成為有史以來中國大陸最多

人觀賞的電視節目之一。公司甚至把找新執行長的過程變成公關好戲，在美國《商業週刊》上刊招募廣告，最後卻任命提出《超級女聲》節目構想的人。

美國乳業公司

紐約證交所：ADY，ADR

三年趨勢：獲利成長218%，營收成長228.1%

這家乳業公司根本不是美國公司，而是黑龍江省飛鶴乳業公司和另外三家獨資子公司的控股公司。美國乳業生產各種乳製品和奶粉，甚至生產胡桃粉。2006年第三季季報顯示，營收比前兩年成長129%，毛利成長157%。

安琪酵母（安琪酵母公司）

上證：600298，A股

三年趨勢：獲利成長42.5%，營收成長58.6%

因為西式烘焙產品和很多副產品產量增加，世界五大酵母廠商中歷史最短的安琪酵母可能據有優勢地位。安琪的副產品用在啤酒釀造、動物飼料、維他命和調味品中；安琪也協助包括非洲在內的60多國糕

餅發酵，安琪的獲利也跟著發酵。

蓮花味精（河南蓮花味精公司）

上證：600186，A股

三年趨勢：獲利成長363.8%，營收成長94.9%

　　有哪一種中國菜不灑一點味精？蓮花是中國海苔風味味精的主要廠商，這種產品受到家庭與餐廳大廚歡迎，但是大致上仍然由這種味精的發明公司日本味之素負責行銷。蓮花也生產玉米澱粉之類的基本產品，甚至涉足「熱能與電力」事業。

新品種紅酒

　　談到喝酒，中國人現在已經該用新方法說「乾杯！」你知道中國已經是世界第六大葡萄酒生產國嗎？你知道在中國氣候相異的各個地方，已經設立了超過500家酒廠、其中有些還是歐洲頂尖酒廠設立的嗎？你知道世界最好的甜食酒的秘密配方是用中國酒廠所產白蘭地加強提味的嗎？

　　你在中國人的宴席上，都會發現一群男人拼酒，先是

比賽乾杯，然後比賽把整瓶啤酒一口乾掉。青島啤酒仍然是中國最有知名度的廠牌之一，也是《富比世》雜誌世界最優秀400大公司中前50大公司裡唯一的中國企業。山東省的大港口城市青島是我最喜歡的地方之一，過去是德國人的租借地，這裡很多教堂尖塔看起來就像從巴伐利亞搬來的一樣，釀酒技術也是從那裡傳來的。

但是山東還有一個著名的地方，就是煙台的張裕酒莊，這個雅致的歐洲式景點由煙台張裕葡萄釀酒公司經營，遊客在中國這家最大的酒莊裡，可以摘葡萄、痛快地試喝葡萄酒，花一美元的價格，可以參觀中國葡萄酒歷史博物館。中國人新口味的最終極表現應該是對西式紅酒的熱愛，現在已經愛到了紅得發紫的地步，2005年內西式葡萄酒的銷售量更達到22億美元。

如果你最近在中國聽到大家談「紅酒」的東西，最可能談的就是用軟木塞封著的本地葡萄酒。很多估計指出，中國喝葡萄酒的人數每年增加15%，在這個大量喝酒的社會裡，葡萄酒仍然遠遠落在所有其他酒精性飲料後面，每人的消費量仍然只有世界平均值的6%，因此有一些中國酒廠希望成為亞太地區的蓋洛（Gallos）和蒙大菲（Mondavis）酒莊，有時候，這點表示中國人會熱過頭，

大連港實際上成立了一家叫做海洋生物釀酒的公司，想要從魚身上釀出酒來！

　　到目前為止，中國愛喝酒的人通常喜歡酒裡有一點甜味，常見的做法是在葡萄酒裡摻七喜汽水！你或許可以用售價1.65美元的葡萄酒也來摻一摻，今天有一大堆專家正在嘗試，希望找到最能搭配海參的紅酒。最近你在中國的餐廳坐下，一群年輕漂亮女服務生會擁上來，穿著印有葡萄酒品牌的緊身衣向你推銷，希望你會開幾瓶她們老闆精選的中國白酒。

　　一些本地酒廠甚至已經贏得愛挑剔的法國人的尊敬，以科涅克（Cognac）白蘭地最聞名的卡慕公司（Camus）要在世界各地機場經營的免稅商店中，銷售龍徽釀酒公司的產品。龍徽在宣統二年成立（1910年），已經對20國出口產品。但是隨著中國的飲者日漸善於分辨好壞，最後總是會有由外國進口產品主導中國酒國天地的風險（使進口公司變成更好的投資標的）。因為2001年加入世界貿易組織條約的關係，過去三年裡，進口葡萄酒關稅降低了將近100%，中國已經取代日本，成為法國葡萄酒最大的市場，同期內，烈酒進口成長60%。上海善於品酒的人早晚會像東京的酒客一樣，高興地品嘗一年一度用飛機運來的

新薄酒萊。

　　但是像西班牙多利士（Torres）一樣經驗豐富的酒廠正在中國紮根，中國的大酒莊也不是只會看著葡萄成長而已。2005年時，煙台張裕酒莊大出風頭，刊出廣告以高達17.5萬美元的年薪，徵求「最好出生法國波爾多（Bordeaux）地區」的品酒大師前往中國北部崎嶇不平的山嶺地區。我敢說很多像木桐‧羅斯齊（Mouton Rothschild）等著名的酒莊中，一定有很多人準備幫忙中國人解決這種迫切問題，但是還不知道有誰去應徵。

羅傑斯看中國：人民的烈酒

張裕（煙台張裕葡萄釀酒公司）

深證：000869，A股；200869，B股

三年趨勢：獲利成長118.1%，營收成長71%

　　　煙台張裕酒莊早在1892年、現代中國還沒有出現時就創立。1997年，張裕酒莊成為第一家在大陸交易所上市的酒莊。2005年，義大利酒業巨擘薩隆諾（Saronno）買下張裕酒莊30%的股權。張裕酒莊購買大量散裝進口的葡萄酒，補強自己的產量，公司

也產銷本國紅葡萄酒，以及具有中國特色、結合烈酒與草藥的保健酒。張裕酒莊的產品超過100種，是中國最大的葡萄酒廠商，和長城、威龍與王朝酒業等大競爭對手，合占略微超過一半的市場。

王朝酒業（王朝酒業集團公司）

香港證交所：0828，H股

三年趨勢：獲利衰退31.7%，營收成長38.5%

　　這個集團以香港為基地，發揮靈活的經營技巧，生產種類繁多的葡萄酒，包括氣泡酒和白蘭地。品質較好的葡萄酒專供出口，技術仰賴第二大股東法國人頭馬君度集團（Remy Cointreau）提供。

古越龍山（浙江古越龍山紹興酒公司）

上證：600059，A股

三年趨勢：獲利衰退37%，營收成長30%

　　中國人不會因為學會了喝葡萄酒，就忘掉了傳統的米酒，米酒在特殊場合和烹飪時仍然深受歡迎。歷史古城紹興千百年來是中國釀酒的聖地，事實上，整個紹興彌漫著很多大型競爭者散發出來的發酵氣味，

他們也生產很有特色的陶製酒瓶和酒甕，大家都努力
地保持自己的產業秘密。

五糧液（宜賓五糧液公司）

深證：000858，A股

三年趨勢：獲利成長41.3%，營收成長17.3%

　　五糧液公司設在四川，是另一家著名的穀物蒸餾
烈酒廠商，業務也已經拓展到國際上，股票平均報酬
率超過10%。（編注：截至本書印製出版前，作者並
未說明為何五糧液與下面青島啤酒的三年趨勢評估數
字相同。然而，公司獲利評估的數字總是不斷變動，
有賴讀者持續注意。書上所列僅供參考。）

青島啤酒（青島啤酒公司）

**上證：600600，A股；香港證交所：0168，H股；OTC：
TSGTY，TSGTF**

三年趨勢：獲利成長41.3%，營收成長17.3%

　　世界上每一個人、每一個進過中國餐館的人，多
少都聽過青島啤酒。你會發現青啤A股在上海交易所
掛牌，還有更多的股票在香港證券交易所掛牌，公司

也在美國的粉單市場（pink sheet）交易。青島占有中國龐大啤酒市場的14%，公司在1903年由德國人創立，因此擁有先發的優勢。今天擁有青島啤酒30%股權的不是中國政府，而是同樣由德國移民創設的美國酒業巨擘安海斯－布希公司，該公司可能想取得青島啤酒的控制性股權。

燕京啤酒（北京燕京啤酒公司）

深證：000729，A股

三年趨勢：獲利成長13.5%，營收成長31.1%

在全國市場占有率排名中，有很多地區性廠商跟青島啤酒激烈競爭，燕京啤酒是其中一家，燕京啤酒以中國首都為根據地，表現優異，還從事瓶裝水、果汁、茶、可樂與醋的產銷業務。

快樂的綠巨人？

我第一次注意中國的種植方法時，中國人幾乎在每一種事情上，都盡量採用有機農法，起初我並不知道，蓋在大部分田地中央的小茅屋不是東方式的稻草人或小廟宇，

而是位置適中的戶外廁所，利用懸在木梁兩端的便桶，收集人類的排泄物，再輕鬆、方便地流出去，當成便宜的有機肥料。

後來中國人灑在田地上的肥料，幾乎比世界上任何一個國家都多。（一般而言，中國農民所用的肥料，是美國農民的兩倍，有些肥料的毒性高到在美國會禁用。）農民有鑑於過去發生多次災荒，自然不計成本，努力追求更高的收成。沒有一個國家像中國這麼快，不分青紅皂白地利用「進步」的好處，包括利用基因改造種子。

但是這一切改變都比你想像得還要快速。世界各國的嚴格審查，加上中國必須行銷安全而可靠的農產品，迫使中國農業努力自我整頓。例如，日本在2006年對於中國冷凍菠菜沒有通過檢驗，在震驚之餘，針對化學殘留物訂定更為嚴格的標準，大約會影響中國6,000家公司。中國採用有機農法耕作的土地已經占世界這種土地的11%，將來任何有機南瓜、葵花籽、菜豆和黑豆很可能都會由中國生產。事實上，中國早在1994年就推出有機食品開發中心。中國幾乎從零開始，到2003年，800家經過認證的有機公司生產的有機農作物，金額急速地增加到超過40億美元。

中國不採用化學產品的有機農業和西方不同，不是由具有獨立性和叛逆性的小農開始，工資低落、價格高昂、毛利率高達70%，促使中國人在荒涼的東北開墾出大片的有機良田。競爭優勢使原本被世人視為污染源的中國，變成世界的下一個綠巨人。

但農業只是配合社會從維持溫飽進步到關心生活品質改善的發展而已，近來你在中國拿起國營報紙，頭條新聞都跟北京保證要舉辦綠色奧運的計畫有關。中國甚至有宣揚環保的綠色列車，川行在昆明的山區和蒙古的草原之間。美國國鐵公司應該要注意了。

中國很多省份早在有機還沒有譯成中文前，就設立了很多協會，推廣比較健康的有機飲食方法，創設生產綠色食品的開發區，為2,836家公司組成的綠色產業服務。信不信由你，最新一批的中國太空人甚至刻意告訴全世界，他們在太空中，靠著中國「太空城」特殊狀況下生產的無化學有機食品維生，他們吃很多米飯、配脫水墨魚球，也吃得像皇帝。——不錯！像皇帝最喜歡的哈密瓜之類的水果也吃得到！我應該把這件事告訴過去宣揚自己喝「Tang」牌甜果汁粉飲料的美國太空人！

畢竟中國人是最先支持「吃什麼補什麼」的民族，

認為食物在身體裡的陰陽平衡效果跟醫藥密切相關，難怪中國日漸擴大的中產階級開始和世界各國的人一樣，要求更清潔、更健康的食品。有機食品在整個中國都市市場中都很受歡迎，上海甚至有一個純有機的市場。你不但可以買到很多有機茶葉（還沒有上市的江西省婺源有機食品公司，去年賣出了300萬美元的有機茶），而且可以買到有機荔枝，以及不太有機的有機豬頭肉。

這種國內需求只會增加、不會減少，因此朝日啤酒之類的日本大公司要投資有機農產品，希望爭取中國國內市場。諷刺的是，用來生產有機食品、餵飽具有健康意識的西方人的大部分土地，都在黑龍江和吉林，過去是所謂的知識青年送去「向農民學習」、在勞改營中挨餓受凍的地方。但是中國的基本競爭優勢會推動這個產業成長，讓中國人用遠低於世界任何地方的成本，種出勞力密集與小規模的精緻有機作物。

 羅傑斯看中國：青青草原

超大現代（超大現代農業控股公司）

香港證交所：0682，H股

三年趨勢：獲利成長34.8%，營收成長50.3%

　　這家先驅公司熬過旱災、水災和2003年爆發的SARS，生產150種有機蔬果、食用菇類、有機茶葉、外國水果與有機牲口。比較值得注意的是，這家公司的國外銷售只占30%。

山松生物科技公司

新加坡證交所：P39，S股

三年趨勢：獲利成長293%，營收成長198.9%

　　山松用進口的美國黃豆，生產低脂加工豆類製品，包括黃豆蛋白、沙拉油到健康豆漿，一應俱全。

博迪森生物技術公司

美國證交所：BBC；倫敦創業板：BODI；OTC：BBCZ

三年趨勢：獲利成長180.3%，營收成長168.6%

　　你認為中國農民會試用有機肥料嗎？那麼你可以試著投資博迪森。這家馬里蘭州公司在楊凌設有生產線，正努力從2006年沒有充分申報資產的醜聞中東山再起。但是《富比世》雜誌先前基於博迪森生產經過認證的有機生物殺蟲劑與生物肥料，把善於創新的

博迪森，列為中國成長第16快的公司。但博迪森能
否像中國農民一樣，走出形象受到傷害的陰影？

中海石油化學（中海石油化學公司）
香港證交所：3983，H股
三年趨勢：獲利成長118.1%，營收成長71%

　　如果你希望全方位布局，化學公司應該會在農業
擴張中繼續受惠。前面提到的中石化是中國最大的氮
肥與尿素生產廠商，中海石化是中海油的肥料部門，
已經在2006年9月公開上市。

　　中國正在展開有機革命，取代文化大革命。我猜東西
從哪裡來就會到哪裡去，連人排泄的肥料都一樣。

第八章

健康、教育、住宅：
為群眾服務

我初到中國時，幾乎每個人都靠共產黨吃飯，外國記者驚異地發現，必須把寵物小狗和小貓登記為公司「工作單位」的成員才有東西吃。中國確實有白吃的午餐——前提是要把冷飯當成享受，在這種制度下，基本醫療、教育、住宅與退休金、加上工廠的餐飲，都以極低的價格供應，作為社會「安全網」的一環——實際上這種安全網很可能讓人覺得比較像是緊身衣。保險是大家所不知道的西方觀念，保險來自大家相信「偉大舵手」毛主席會照顧大家，毛主席提供人民公社的國有農場，卻不像州立農業保險公司（State Farm）一樣提供分紅。

但是1980年代末期開始推動改革開放以來，鐵飯碗開始出現裂痕，最後終於捧成碎片。「從出生到墳墓」的保障消失，取而代之的是「隨支隨付」制度，現在每一個

中國人都必須自謀生活，幾乎沒有什麼東西有保障，但是一切都有可能。退休金面臨的威脅特別大，子女數目減少，需要撫養的老人增加（大部分老人壯年時幾乎都是無償工作）。這點表示有些人的情況會改善，有些人的情況會很艱辛，企業如果大膽跳進來，希望填補中國社會契約的缺口，會面對極為激烈的競爭。

其中涉及的利益不亞於整個國家的福利制度，以及每個月寄發的10億張分紅支票。在中國嘗試建立可行的健保制度之際，教育與住宅方面還涉及很多專業的選擇，不但開發商可以從中獲利，投資人也可以從中國民營化制度處理這種公益問題當中獲利。

健康問題預後

西方人看到中醫時，往往會想到金針度穴和乾鹿茸粉。事實上，早在醫生於龜甲上刻處方時，中國就已經有很多傑出的醫生。但是現代健保制度還只是剛起步，這個問題可能是未來民間與公共利益之間的主戰場，因為其中醫療預後的支出相當龐大。

1949年中華人民共和國建立後，「赤腳醫生」受過部

分訓練後巡迴診療，把醫療推廣到過去從來沒有聽過健保的地區。短短30多年裡，中國人的平均壽命從35歲提高到70歲，嬰兒死亡率從千分之二百降到千分之三十一。1980年代初期經濟改革開始時，71%的中國人仍然利用國營的健康保險服務，幾乎不必負擔費用，只不過是十年後，這個比率已經降為21%。

這點顯然不是好消息，根據世界衛生組織（World Health Organization）的報告，1980年以前，中國的健保制度表現勝過很多發展程度相同的其他國家；1980年以後，排名卻低於大部分國家。五年前，世界衛生組織把中國的健保醫療排名降為世界第144國，甚至低於大部分非洲國家。早在1960年代，中國實際上已經撲滅若干古老的疾病，如天花、霍亂與肺結核。現在這些疾病卻捲土重來，2004年內，中國有將近140萬個肺結核病例，肺結核因此成為主要的傳染病死因。

更讓人擔心的是人口普遍老化，以及愛滋病例從2004年的84萬個，每年增加30%。中國政府在迴避愛滋問題多年後，播出國家主席胡錦濤和愛滋病患握手的畫面，訂下2010年前把愛滋病感染人數控制在150萬人以下的目標。2004與2005年間，防治愛滋病的經費增加一倍。

2003年爆發令人驚恐的SARS，讓中國承受大約363億美元的經濟損失，此後，中國政府決心出資，改善各地的疾病防治中心。

個人和社會健保的成本上漲更快，1978年時，個人幾乎不必負擔健保成本，到2004年，個人負擔的健保成本增加到53.6%。醫療服務經費從1980年的17億美元，暴增到2004年的920億美元。其中的主要問題又是城鄉差距，比較富有的都市居民負擔得起更好的照護，享受了大部分的好處，甚至拿出可恥又流行的紅包，得到特別的照護或檢驗。

政府2003年的調查發現，城市居民可以用錢換取最好的醫療，60%的農村居民根本沒有錢上醫院看病，其中90%沒有保險，也不看醫生。即使政府最近推出計畫，讓農民每年只要出1美元，就可以看病，很多人仍然認為太貴，雖然將近4億中國人透過勞工保險計畫，得到某種形式的健康保險，卻完全無助於保障中國數量驚人的流動勞動力。難怪中國領導人說，改善健保服務制度是改善鄉村命運所有計畫的關鍵。

2004年時，中國花在健保上的費用只占國內生產毛額的4.7%，相形之下，已開發國家這種花費所占的比率

在8%以上（美國為16%）。2007年初，總理溫家寶把健保當成優先重大施政，宣布創設試點「合作醫療機制」，要在2010年前，在中國80%以上的地區實施。國家會把補貼加倍，提高到15.3億美元，也會撥出分成小金額的經費，為所有農村居民繳交醫療費用。這樣做是滿足一群數量驚人、人口日增的群體其需求的第一步，這些人不但現在得不到適當的服務，而且到2020年，還要加上1.7億超過60歲以上的人，以及患慢性病的人口。2007年內，老人年金和其他形式的社會安全支出會額外增加357億美元。同時，財政部一位副部長宣布，中國會積極鼓勵民間加強投資健保產業，提供租稅優惠，鼓勵企業協助改善十分沒有效率、成本卻飛躍上升的全國性健保制度。這一切應該表示新興健保業者和投資人會從中獲利。

2003年的一份報告指出，中國的12,599家醫院中，只有8%是營利事業，只負責治療3%的病人。全國2.9萬家登記有案的醫療機構中，只有60家有外國人投資，外國人對中國健保產業的投資正在增加，但是2003年時，投資金額只有20億美元。中國仍然不准許外國人獨資擁有醫療機構，然而，醫院民營化的構想聲勢逐漸加強，大運河經過的古城蘇州就是例子，蘇州最近才接受民間業者

標購醫院，當地幾家醫院已經賣給外國投資人。

同時，抑制成本的新規定會影響中國醫院與消費者的支出，進而影響國內外藥廠。公立醫院處方藥的藥價最多只能在進價之上外加15%，醫療設備與心律調整器也要受到控制，這樣對藥品銷售會有重大影響：聯合國兒童基金會（UNICEF）指出，中國60%的健保支出花在藥品上，遠高於15%的世界平均值，沿海城市醫院的營收中，有一半來自藥品的加價。

西藥過去是當成最後治病救人的手段，現在逐漸普及，藥品支出大致維持成長趨勢，2005年的藥品銷售額激增20%，達到117億美元，其中75%是西藥，25%是中藥，但是製藥業的管制比較嚴厲，因此投資人應該比較小心地看待這個產業。目前的藥價管制可能使利潤率從30%降到15%。和西方同業相比，中國藥廠花在研究發展上的經費仍然只占獲利的一小部分。

事實上，有一項估計指出，99%的中國製西藥仿製外國產品。今後政府會加強品質檢驗，國有公司會賣掉旗下投資的製藥事業，侵犯專利權的業者會遭到抵制，製藥部門會出現更大規模的整頓。安全問題還會發生，就像最近發生的牙膏汙染醜聞一樣，這種事情雖然不幸，卻可能帶

來投資機會。製藥業規模相當小，和其他行業相比，科技水準也相當低落，但是本國藥廠具有優勢，擁有自己的配銷通路，也跟醫院維持密切的關係。營養品也是成長的領域，中國人已經逐漸發現維他命的好處。

中國藥廠為了獲得產品輸出許可，已經開始購買外國公司的股份，不然就是透過印度輸出產品，印度因為是大英國協的會員國，在英國登記藥品仍然保有特別的優勢，從英國再踏出一小步，就可以進入歐洲其他國家。但是因為盜用智慧財產權的關係，很多外國公司仍然不願意在中國銷售最新的產品。政府也正努力解決這個問題，2007年時，政府在全國推動一波逮捕行動，鎮壓貪腐，希望阻止亂發製藥業所需要的藥品經營質量管制認證（GMP）。這種消息可能讓大家擔心藥品的一般安全性，但是國營媒體宣揚這種取締行動時，可能只是好現象。

很多醫療院所的設備都相當落後，因此醫療設備需求目前以兩位數字的速度成長，估計2005年時，中國醫療設備市場規模為26億美元，即將超過日本，成為世界第二大市場，醫療院所除了人參藥丸之外，需要補充的設備無所不包，從電腦斷層掃描機器到心臟監測儀都包括在內。目前外國品牌主導這個領域，也和本地公司組成合資

事業，作為進軍中國市場的潛在策略。國際大公司也逐漸在中國設立研究發展機構。目前本地廠商在低階產品中激烈競爭，但很可能也不會在低階停留太久。

　　近幾個月來，甚至有人談到設立美國式的健保組織（HMO），這個名詞原本是禁忌，現在逐漸成為中文中的詞彙。但是中國的很多繁文縟節仍然有待消除，企業才會參與健保醫療的升級。外國人經營的北京和睦家醫院花了五年時間申請，最後才能開業，誠如這家醫院的母公司所說，他們的上海分公司需要蓋150個「印章」，才能開張。

羅傑斯看中國：獲利處方

中國醫療技術公司

那斯達克：CMED，ADR

三年趨勢：獲利成長223.3%，營收成長235.7%

　　中國醫療技術公司行銷優越的超音波設備，一直是在美國上市的中國股票中表現最優異的公司之一，2006年的淨利率成長53.53%。也收購了不少專業設備廠商。

三瑞控股公司

新加坡證交所：S38，S股

三年趨勢：獲利成長24.7%，營收成長28%

　　三瑞設在新加坡，是投資控股公司，透過旗下的子公司，銷售生產和分娩與癌症有關的檢測儀與設備。公司只有154位員工，卻表現出穩定增值的趨勢。

S哈藥（哈藥集團公司）

上證：600664，A股

三年趨勢：獲利成長75.5%，營收成長28.2%

　　哈藥集團獲得紐約華平創投與香港中信資本兩家外國投資者，投資2.5億美元，競爭力加強。這筆錢讓哈藥集團可以提升研究發展，哈藥集團把5%的營收投入研究發展，在中國製藥業者中是異數，卻仍然只有跨國公司研究發展支出的三分之一。公司計畫在香港上市。

北京科學生物製品公司

美國證交所：SVA，ADR

三年趨勢：從虧損423萬美元降為虧損70萬美元，營收

成長 138.1%

　　和中國其他股票相比，好幾年來，科學生物製品公司的股價大幅下跌，但是公司已經發表第一種由中國科學家研發成功的 A 型與 B 型肝炎複合疫苗。中國市場沒有任何產品可以和這種疫苗競爭，這家公司也在發展 SARS 疫苗。

同仁堂科技（北京同仁堂科技發展公司）

香港證交所：8069，H股

三年趨勢：獲利成長 3,087.2%，營收成長 75.3%

　　同仁堂是傳統中藥領導廠商，歷史悠久、品牌深獲信賴，自己種植藥材。

美中互利諮詢公司（Chindex International, Inc.）

那斯達克：CHDX

三年趨勢：獲利成長 32.4%，營收衰退 2.2%

　　和睦家醫院集團屬於美中互利諮詢公司，是中國一流的外國健保服務業者，目前已經在五個城市開業，2006 年營收超過 9,000 萬美元，盈餘與股價表現卻相當平平無奇，因為公司放棄了生產部門，又在基

礎設施方面投下鉅資，不過這點可能是未來強勁成長的前兆，公司設立之初，主要是為國際社區服務，目前三分之一的病人是中國人。

新華醫療（山東新華醫療公司）

上證：600587，A股

三年趨勢：從虧損348萬美元，變為獲利267萬美元，營收成長61.4%

新華在山東生產外科設備，產品銷往21國。

領先科技（吉林領先科技發展公司）

深證：000669，A股

三年趨勢：獲利成長555.6%，營收成長6.53%

吉林領先科技發展公司只有300多位員工，但健保產品產銷穩定成長。

社會安全保障不足

在中國人眼中，長壽最重要，長壽會帶來智慧、尊敬與多子多孫，老人在中國不會遭到遺棄，有一個老笑話

說，只要你活得夠久，最後你會在中國政府中獲得職位，中國是唯一用健康的壽麵，而不是用蛋糕慶生的國家。但是如果中國要成立長壽的健保體系，成本要由誰負擔？

從新千禧年開始以來，中國的醫療成本每年成長24%，2005年達到385億美元，金額相當龐大，個人負擔60%。因此中國在2006年發布健康保險管理辦法，鼓勵保險公司和醫療院所合作。1997年時，政府為城市勞工建立了基本健保計畫，34.1%的城市勞工現在由雇主提供的健保計畫保障。然而，一直到最近，中國仍然有一成的人口，包括政府官員、國有企業員工與都市擁有特權的若干居民，仍然耗用高達98%的公共健保資金。2006年第一季裡，健保費用超過30億美元，比前一年成長23.78%。

在60歲以上的人口日漸增加的社會中（2006年為1.3億人），沒有保障的家庭特別能夠體認民間健康保險的重要性。大部分壽險與產險公司提供某種形式的醫療保險，但一直到最近保險主管機關才批准五家公司創設純粹的健康保險業務。其中一家在2005年開業，號稱是中國第一家健康保險公司——名稱很適當，也很有前瞻意味，稱為中國人民健康保險公司。更具有前瞻意味的是，大部分股權由中國人壽保險公司持有，中國人壽過去是國有獨占事

業，目前仍然是中國保險業龍頭。中國人民健康保險還沒有上市，但19%的股權由歐洲主要健保業者德國健康保險公司（DKV）掌握。

2006年下半年，前面提到的美中互利諮詢公司宣布，為中國國民開辦第一種全面保障的優先保險機構計畫（preferred provider organization），這種保險負責支付在該公司旗下醫療體系醫療的費用，也支付在世界各地發生的病痛與意外事故醫療費用。外企服務集團（Foreign Enterprise Service Corporation, FESCO）旗下的保險部門方勝保險經紀公司（FESCO IB）會參與行銷，分享好處。

無論如何，這個領域應該都會變成不斷成長的利基市場，中國的一般保險業是世界上成長最快速的市場（你應該不會訝異吧？），從1996到2004年間，平均每年成長30%，中國保險市場在世界上的排名也升到第八位。預測到2008年，中國保險市場的規模會超過1,000億美元──不過像日本這樣的國家，保險支出占國內生產毛額的比率仍然是中國的四倍。中國的保單當中，人壽保險保單占四分之三（不過每人每年的支出只有35美元）。這種保單的分紅勝過銀行利息，也利用個人覺得保障日漸下降的意識，在中國行銷。

1990年代初期國內保險公司獲准設立前，中國人壽是中國人唯一能夠投保的地方。2001年中國加入世界貿易組織的條約生效前，外國保險商都受到嚴格的限制，但是獲准在隨後的五年裡，逐步進入中國市場。到2005年1月，一共有20家外商人壽保險公司在中國營業，幾乎全都是合資事業。現在有更多的外商進入中國市場，外商保險公司的市場占有率已經從2.6%提高為12.7%。但是根據加入世貿組織的條約，保險業和銀行業不同，並沒有完全開放，只是半開放狀態。到2005年為止，本地的中國人壽、平安保險與太平洋人壽占有70%的市場，而且繼續保持領先地位，因為他們可以比較快速地取得在不同省份經營所需要的執照。

不過政府仍然是最大的保戶，收到的退休金提撥、醫療保險與其他保險費合計1,050億美元。公共部門收取的保費這麼龐大，雙手因此伸進社保基金。2006年內，爆發不少弊案，其中40億美元的資金「遭到濫用」，進行「海外投資與未經授權的借貸」，難怪大眾希望有保險。

羅傑斯看中國：保障中國前途

中國平安（中國平安保險集團公司）

上證：601318，A股；香港證交所：2318，H股；OTC：PIAIF

三年趨勢：獲利成長154.3%，營收成長39.2%

　　設在深圳的平安保險悄悄地奪占35%的保險市場，創設很多子公司，經營企業保險與資產管理業務。平安保險最近成為第一家買下基金管理公司控制性股權的保險公司，而且和中國人壽合作，買下日漸擴大的民生銀行10%股權，作為分散投資的一環。

　　中意人壽保險公司是義大利忠利保險（Assicurazioni Generali）的一部分，是中國加入世界貿易組織後，由義大利保險業鉅擘忠利保險與中國石油天然氣合資的保險公司。相當不尋常的是，最近該公司贏得一項金額高達24億美元的養老金計畫合約。

　　中國再保險（集團）公司是眾多正在整頓組織、準備在國內公開上市的保險公司之一，政府控制的中國再保雖然面臨外國保險業者，例如倫敦勞氏保險市場（Lloyd's），越來越激烈的競爭，卻在特殊領域中具有非常強大的主導力量。

中國財險（中國人民財產保險公司）

香港證交所：2328，H股

三年趨勢：獲利成長1,453.7%，營收成長15.1%

　　中國人民財產保險是「非壽險」業務龍頭，其健保與意外保險保單由其他業者代理。雖然獲利飛躍成長，股價卻遲疑不前。

為中國的未來投保

　　從遠古以來，中國人就利用教育，設法保障子女的前途，沒有一種文化像中國文化這樣重視學習。每一個朝代最受尊敬的特權階級是學者、詩人、作家與思想家，而不是武人。中國少有騎著馬的騎士雕像，但是在很多古蹟裡，卻常常發現表揚考試成績傑出的碑銘。不幸的是，今天學生在極為重要的大學入學高考中考不好時，自殺的事件仍然時有所聞。

　　從學前教育到幾十所著名的大學，政府仍然承擔大部分的教育責任。各式各樣的私校和預備學校蓬勃發展，私校其實是獲利豐厚的事業，私校供應根本無法滿足新富父母的需求，他們樂意每年花上3,000美元，讓一胎化政策

下的獨生子女，取得最大的優勢。私校的利潤率估計高達
50%，原因之一是教師薪水極為低落。

　　私校教育的法律地位仍然有障礙與問題，有些文憑
得不到政府的承認，私人興學、賺取合理報酬率的權利到
2005年才剛剛獲得肯定。公立學校相當不歡迎外力的干
預，公立學校裡的每一本教科書都具有政治敏感性。政府
的重點是把農村教育提升到平均水準，免除1.5億比較貧
窮學童的學費。然而，到2005年底，估計有1,500萬中國
學生上大約7.7萬所大致上不受注意的私立學校，占5至
14歲學童的8%，這個比率一定會上升。

　　這種熱潮的例子之一表現在對中國至為重要的食品領
域中，只不過是幾年前，古老的廚藝秘密完全掌握在少數
保守的國家教育機構手中。今天整個中國的城市地區裡，
有無數的烹飪學校，很多學校附屬於連鎖餐廳，有些學校
還鼓勵女性，努力在男人主導的廚師生涯中站定腳跟。

　　但這只是個開始而已，從事家教服務；語言、音樂、
甚至體育學校；電腦軟體；教科書與其他教材出版；專業
技術職業學校、為不同宗教服務的學校；操場運動器材；
黑板與櫥櫃課桌椅等產銷的行業都欣欣向榮。連制服廠商
都受惠，產銷學校樂隊所用樂器的廠商也一樣，不過暢銷

的是琵琶與二胡，而不是低音大喇叭。中國甚至有能力吸引其他國家的學生：光是南韓，目前就有5萬名學生在中國留學。想一想你念的中學和母校，再想一想所有踏進忙碌校園的企業，以及讓你整晚開夜車準備考試的圖書館。

值得注意的是，幫助中國下一代爭取高分的企業，顯然根本還沒有在市場中反映出來，也沒有在上市股票中反映出來。請你削好鉛筆，中國本身好比大型的多重選擇題測驗，題目與科目時時刻刻都在變化。

 ## 羅傑斯看中國：做好家庭作業

新東方教育科技集團公司

紐約證交所：EDU，ADR

三年趨勢：獲利衰退10.8%，營收成長58.5%

新東方協助中國私校學生參加外國大學入學考試，重點科目是英文。新東方也開發教材與軟體，目前希望達到招生100萬人的目標。該公司像其他規模比較小的競爭者一樣，希望填補國家教育體系的缺口。2006年時，該公司在這個零碎的市場中擁有3%的占有率，品牌知名度逐漸提高。新加坡萊佛士教育

公司（新加坡證交所：5ES，S股）已經買下該公司20%的股權，因為公司投身中國教育體系，2005年股價上漲一倍。

東方紀元公司

新加坡證交所：5II，S股

三年趨勢：獲利成長41.7%，營收成長61.3%

名字類似的東方紀元已經設立自己的私立學校、住宿學校與幼稚園，還設立了一家東方明珠學院。

中國國際教育產業投資集團公司

澳洲證交所：CEH

三年趨勢：從虧損40.5萬美元，變為盈餘14萬美元，營收成長395.4%

這家公司原名易通國際教育公司，目前在中國北方的天津經營一所商業學院，擁有5,900位學生，而且跟一些大專院校合作，旗下若干子公司開設技術與電腦課程。

買個安樂窩

凡是像我這樣早年初次造訪中國的人，都會發現一個最明顯的事實：住屋是中國最大的問題和最迫切的需要。在大城市裡，大部分人住在老舊的集合住宅或荒廢的巷子裡，或是占據分成很多單位、沒有水電供應的房子。中國人似乎完全沒有個人空間，大家不只是合住公寓而已，還合睡同一張床，幾十個人共用廚房中的一個水龍頭，幾百個人共用中國城鎮中飄揚著典型臭味的公用廁所。大家的確都不必繳交房租，但是換一個角度來看，根本也不值得繳房租（房租40年來沒有上漲過）。

1980年代末期，這一切開始慢慢改變，但是一直到1998年國有住宅大規模私有化後，才發生全面變化。整個1990年代裡，每人花在住宅上的費用從不到1%，升為5.6%。人民大量遷徙到新建公寓裡，接著更高檔的建築出現，這種趨勢一直延續到現在，營建熱潮持續發展，今天的中國城市裡塵土飛揚的建築工地旁，到處是精美的看板，打著羅浮宮、畢卡索、披頭四與墨西哥壁畫大師里維拉之類不協調的名號，向現在的公寓大樓買主宣揚美好的生活。房地產業創造了驚人的財富，今天中國一百大富豪

中，大約一半靠著不動產發跡。

外國投資人可以見賢思齊嗎？從一方面來說，中國蓄積的潛在需求極為龐大，要花幾十年，甚至可能要花幾百年才能滿足。最近2003年的調查還顯示，中國濱海富裕城市70%的人口仍然買不起房子。從另一面來說，今天中國的建築業很可能是整個經濟體系中，最多詐欺與弊案的部門。買主最後得到的土地面積不足、設備比廣告中所宣傳的少，是相當普遍的現象，買主甚至要負擔前手抵押租約留下來的負擔。建商也以任意漠視綠地與公共設施相關法規聞名。

然而，以香港建商為主的大型可靠建商逐漸崛起，以資本主義式的專業化方式，供應新建公寓與公寓大樓。幾十年來，中國出現過多次反對「地主」及其繼承特權的運動，但是私有財產權與交易制度已經重新建立，而且在等待已久、2007年10月生效的物權法中，得到進一步的強化。不過值得注意的是，新法會通過，主要是為了安撫想要保護農民土地不受投機客侵害，而不是鼓勵新建更多的住宅。

而且因為缺少外國人需要的豪華房地產，加上股市不受信任的漫長期間，大家普遍以不動產作為投機工具，因

此在最近全球擴張與人口壓力期間，中國不動產價格的漲幅已經勝過世界其他國家。雖然北京和東京兩地生活費用差距極大，每平方英尺房價卻幾乎沒有差別。換句話說，不論是從投資人還是從中國本身的房地產來說，誰也不能從最初期開始投資。

目前中國不動產業的表面繁榮仍不能反映真實情況。根據規定，外國人只能夠買一處房地產（但是有些人小心地安排，在不同的地點，各買一棟房地產）。而且任何人在中國「擁有」房地產，只是擁有租用房地產70年的權利。雖然政府不太可能收回租約，這種說法卻還沒有經歷考驗，而且很可能在2065年前，這個問題都不會得到徹底解決。更不清楚的是，將來土地會不會在公開市場中自由交易。

總之，過去四年裡房價每年大約上漲6%，中國政府擔心通貨膨脹急速上升、不良不動產貸款成長，以及房價超出大部分初次購屋者的購買能力，造成社會動盪。（北京一棟120平方公尺的公寓平均價格為11萬美元，一般人平均年薪大約只有6,000美元。）因此，政府希望動用所能掌握的所有政策武器，抑制不動產市場熱潮。整個2006和2007年裡，政府推出一系列的新措施，訂出懲處

投機、避稅、價格炒作與其他行為的罰款。例如，現在持有不動產不到五年的外國人，所有獲利必須加徵20%的稅賦。現有其他法律雖然不見得能夠妥善執法，卻對平均房屋大小訂出限制，希望讓大家比較買得起公寓，也對建商的利潤課徵額外的稅賦。

如果說，中國有什麼經濟部門最可能硬著陸，一定是房地產業。建商的投資繼續爆炸性成長，2006年就增加了21%。上海和北京之類的地方，房價漲幅大致相同，沒有賣出的空地和住宅漲幅更高。雖然中國的城市要經過很久之後，才會出現建築過剩的現象，但是現在價格顯然已經過高，價格可能突然下跌，如果是這樣，中國政府應該會很高興，西部的煤礦工人根本不會注意到上海公寓大樓居民的遭遇，整體經濟甚至不會受到什麼影響。

然而，很多外國人和華僑仍然希望擁有自己的房子，或是在中國的不動產熱潮中分一杯羹，如果你是一定要在中國熱潮中分一杯羹的外國人或華僑，明智的做法是超越外國人已經形成高價社區的一級城市。中國有128個城市人口超過100萬人，很多城市你從來沒有聽過。就業機會與產業全都向西部遷移，內地有很多發展程度較低的地方價格低落，卻正在大肆擴張。沿海城市中，像青島和福建

省的城市，海濱的不動產上漲的可能性比較高，青島是乾淨、繁榮的港口城市，仍然可以看出德國租借留下來的影響，福建沿海城市可以跟比較友善的台灣通航。

　　住宅的需求雖然龐大，卻只是中國繼續從頭重建過程中的一個行業，在最值得投資的現代化其他重要行業中，將來中國會提升與擴大美國購物中心的觀念，很可能也會出現很多喜歡逛購物中心的人潮。從2002到2003年間，中國大型購物中心的數目從300座增加到400座，現在可能已經遠超過500座。連比較小的省級城市都感染「購物中心瘋潮」。大型購物中心之類的高價建築物有時候充滿風險，涉及土地交易的官員會壓迫本地銀行，在還沒有足夠購買力的地方，融通購物中心的建設。到2003年底，估計中國花在購物中心建設上的經費超過240億美元。

　　高居第一的是北京金源時代購物中心，這個購物中心擁有將近600萬平方英尺的賣場，還有230座電扶梯，相形之下，明尼蘇達州著名的美國購物中心（Mall of America）只有420萬平方英尺。2004年10月，金源購物中心開幕時，負責興建的建商、還沒有上市的新燕莎集團發言人說：「我們是世界最大的國家，這座世界最大的購

物中心顯示我們社會的進步。」

　　然而，金源的地位已經不保，東莞的南華購物中心比金源多50萬平方英尺，擁有七個不同的主題區，形成模仿羅馬、威尼斯與加勒比海的小型城市。

 羅傑斯看中國：建設性批評

嘉里建設（嘉里建設公司）

香港證交所：0683，H股

三年趨勢：獲利成長103.8%，營收成長99.8%

　　中國的證券交易所裡有太多的營建股，挑選營建股可能比挑選公寓還難。嘉里建設聽來根本不像中國公司，卻在香港和大陸完成一些經典建案。

中國海外發展（中國海外發展公司）

香港證交所：0688，H股

三年趨勢：獲利成長100.8%，營收成長26.5%

　　這家公司先在香港投資然後回到國內從事營建。

瑞安房地產（瑞安房地產公司）

香港證交所：272，H股

三年趨勢：獲利成長47.8%，營收成長355.6%

瑞安是香港主力建商，開發備受讚譽的多用途上海新天地，是遊覽現代上海必經之地。

萬科（萬科企業公司）

深證：000002，A股；20002，B股

三年趨勢：獲利成長145.4%，營收成長132.8%

1988年創立的萬科知名度較低，但是在中國最繁華的珠江三角洲若干地方，經營規模龐大的住宅興建與管理業務。

信和置業（信和置業公司）

香港證交所：0083，H股；OTC：SNLAY，ADR

三年趨勢：獲利成長327.3%，營收成長96.9%

信和是另一家主要住宅與工業建築建商，也投資旅館與夜總會。

中國玻纖（中國玻纖公司）

上證：600176，A股

三年趨勢：獲利成長48.1%，營收成長76%

　　顧名思義，這家公司是中國最大的絕緣玻璃纖維材料生產廠商，經過適當絕緣隔熱的中國住宅不到20%。

嘉德置地零售公司

新加坡證交所：C31；OTC：CLLDY，CLLDF，ADR

三年趨勢：獲利成長177.1%，營收衰退1%

　　嘉德置地的旗艦店上海來福士城購物中心設在上海市中心，就在人民廣場隔壁。嘉德實業在20個國家經營，包括中東國家。嘉德實業透過子公司，在中國經營25座購物中心，是不動產開發業中主要的幕後業者。

合和實業（合和實業公司）

香港證交所：0054，H股

三年趨勢：獲利成長47.5%，營收成長42.6%

　　香港合和實業在爆炸性成長的珠江三角洲繁華地

區經營各種事業，包括不動產、旅館、會議中心與零售，創造高達20%的獲利成長率。

因為大部分投資人不希望惹上房客、租稅或有問題不動產的麻煩，在中國蓬勃發展的中產階級繼續尋找比較舒服的安樂窩、實現自己的中國夢之際，比較好的方法可能是注意最謹慎經營的建商。

第九章
中國的崛起與前途

我縱覽中國崛起的旅程中，已經考察過一些最有趣的企業部門。我希望這趟行程已經激發你的興趣，讓你拿出自己的航行圖，開始探索這個大國更具驚人成長潛力的其他地方。更好的方法是看看你家和鄰居四周，或是看看你熟悉的活動，尋找中國人可能很快就需要的產品與服務。

沒有一本書、甚至連現代易經都不可能掌握未來變化的每一個層面。在這個中國版的大富翁遊戲中，昂貴的公園大廈與花園廣場大樓的地點還在不斷改變，幫助你通過「由此去」的不是擲骰子，而是眾多最詳細的資訊。

因此下面我要快速評估值得追蹤、將來有一天可能值得你去投資的其他有希望的部門。我也列出自己對貨幣的看法，貨幣是除了股市之外，投資中國的另一個主要方

法。我在快速檢討像中國一樣推陳出新的企業時，每家企業都有希望創造龐大的盈餘，同時協助現代中國進步到難以想像的程度。

高科技

當我寫這本書的時候，兩條商業頭條新聞讓我大吃一驚。這兩條新聞都顯示中國高科技部門進步有多快、中美經濟整合程度有多深。第一條是白宮環境品質委員會頒獎給中國個人電腦廠商聯想，表揚聯想供應美國聯邦機構的「綠色電腦」，具有節約能源的創新技術，包裝又可以回收利用。第二條新聞是據說中國政府提供10億美元的優惠，讓英特爾在北方城市大連設立大型的新晶片廠。

中國的數位新時代已經來臨，完全用國產零組件生產的中國製筆記型電腦已經以較低的成本，和世界市場中最高檔的產品競爭。2005年國內電腦銷售額在中小企業升級的刺激下，到達150億美元，同一年裡，中國超越美國，成為大小資訊科技產品的最大供應國。

中國企業並非完全獨力創造這番成就，1999到2005年間，財星全球500大企業中，有100家公司、包括惠普、東芝與三星，都在中國設立研究中心，加入全國大約

750所外國人投資的研究機構陣營。中國加入世界貿易組織以及放寬若干限制，也促使更多的台灣技術與資本投入這個重要領域。中國企業學習得很快，像是聯想每年在技術創新方面，就投資達3億美元。

中國現任總理溫家寶已經敦促全國人民，要用最好的方法，對抗剽竊智慧財產權的行為，也就是創造更多屬於自己的科學專利與智慧財產權。

政府根據中國在基因組圖譜、機器人設計、人造眼球與超級伺服器方面等有潛力的研究，宣布未來五年是中國資訊科技、生物工程與製造科技進步的關鍵性時刻。

相關公司：令人驚異的是，中國最大的科技廠商是設在深圳的華為技術公司，該公司在印度班加羅爾（Bangalore）、美國加州矽谷、莫斯科等地設有技術中心，2005年的銷售額達到82億美元。華為技術和美國網康公司（3Com）合作，對90個國家出口無線產品、軟體與科技產品，2006年賣出150萬台筆記型電腦。奇怪的是，華為的股票還沒有上市，或許華為的業績太好，不必上市。聯想集團公司（香港證交所：0992，H股；OTC：LNVGY，ADR；獲利衰退78.7%，營收成長346.8%）當然不只是中國的IBM而已；本身就是IBM，產品供應160

個國家。2006年的營收達到13億美元，成為不可或缺的
大企業，但是成本也很高，利潤率相當低落，股價漲幅
也相當低落。神州數碼控股公司（香港證交所：0861，H
股；OTC：DCHIF；獲利成長836.9%，營收成長39.1%）
比較不出名，但是已經和美國思科公司結盟，是中國最大
的資訊科技產品經銷商。北京華勝天成科技公司（上證：
600410，A股；獲利成長70.7%，營收成長88.1%）的業
績同樣好，但是規模小多了，公司像其他同業一樣，靠著
電信、資料儲存與電腦模擬日漸結合的關係，制定經營策
略。

　　中國在這個快速變化的領域中像世界其他國家一樣，
誰能夠清楚看出哪些部門確實可以領先其他部門，誰就會
賺到可觀的財富。挑選科技公司時，我的理念是要比平常
更費心地研究。

航太科技

　　別管農曆新年了，不久的將來，大家可能發現月球表
面上有一個中國人臉孔向地球揮手。中國從1956年起，
為了趕上俄國，開始推動絕對機密的火箭計畫。聽來像歐
威爾世界中企業的中國航天集團第五研究院主導衛星研

究。現在中國的嫦娥計畫——以偷喝靈藥飛向月球的嫦娥命名——希望在2017年前用比較傳統的方式登陸月球，成為世界第四個發射探月火箭進入月球軌道的國家，再發射無人太空探險車，誰知道再下一步行動是什麼呢？雖然研究還沒有證實，中國人希望將來總有一天，月球上不斷受到太陽能侵襲的礦物質，可以協助提供人類所需的電力（尤其是提供占人類四分之一的中國人）。在比較實際的領域中，政府目前五年計畫承諾的衛星計畫經費，是過去十年衛星經費的五到八倍。

相關公司：上海航天汽車機電公司（上證：600151，A股；獲利成長7.8%，營收成長70.6%）兼營軍用與民用業務，生產的產品包括從衛星資料接收設備、汽車零件到太陽能電池面板（旗下的子公司上海太陽能電力技術公司是市場龍頭）。中國東方紅衛星公司（上證：600118，A股；獲利成長1,541.3%，營收成長160.6%）因為較小型衛星的訂單增加，獲利一飛衝天。長征火箭技術公司（上證：600879，A股；獲利成長53.8%，營收成長70.6%），名稱聽來十分嚇人，實際上可能也是這樣，公司正在發展武器、火箭導引與衛星感測。

網際網路

中國會改變全球資訊網（World Wide Web，大陸稱萬維網）、還是全球資訊網會改變中國？在已經呈現爆炸性成長的中國，沒有一樣東西像網際網路（internet，大陸稱互聯網或因特網）的成長速度這麼驚人。前面說過，2006年底時，中國有1.37億個網民，比前一年增加23.4%，但是仍然只占中國人口的10%，因此在寬頻方面，還有很大的擴展空間。令人驚異的是，76%的中國網民具有高速撥接網路，得以連上超過84.3萬個中文網站，一年內，中文網站數目躍增15萬個。2005年內，網路媒體——包括廣告、遊戲與下載——成長48%，2006年又成長41.3%。超過8,000萬的中國部落客也在擴大自由討論的範圍。有人認為，一胎化政策產生的獨生子女正在尋找夥伴，拚命地聯絡彼此。未經過濾的新聞與資訊，以及遠超過無聊國營電視的眾多娛樂選擇，也有助於使整個一代人守在電腦螢幕前。然而，這樣會不會也促使他們有朝一日走到路障和拒馬前面？

相關公司：中國網路股的潛在獲利遠超過美國網路股，一般說來，股價可能也比較便宜。雖然政府發動宣

傳，反對青少年沉迷線上遊戲，以免這種社會問題日漸擴大，盛大互動娛樂公司（那斯達克：SNDA，ADR；獲利衰退13.1%，營收成長27.4%）宣稱擁有229萬個活躍客戶（此處無意支持賭博股，只是提供資訊，讓希望研究的人參考）。騰訊控股公司（香港證交所：700，H股；獲利成長141%，營收成長144%）旗下的QQ線上社群宣稱，到2006年底，擁有5.8億用戶，占有中國簡訊市場的84.4%。網易公司（那斯達克：NTES，ADR；獲利成長181.6%，營收成長139.6%）提供線上入口與社群網站，善於經營，年度淨利躍增60%。

電影

中國製作的奧斯卡獲獎影片即將在你家附近的戲院上映！中國擁有活躍的電影製作傳統。從20世紀初期最早的《定軍山》，到1930年代小明星賣弄色相的黃金時代，到所謂的第五代影藝學院出生的導演張藝謀與陳凱歌，融合現實主義與個人風格，打破枯燥無聊的宣傳。

但是15家國有電影製片廠轉型緩慢，美國影片入侵，加上盜版數位影音光碟（DVD）猖獗，使電影事業步入衰退。近在2003年，比中國小20倍的南韓電影票房

收入還比中國高五倍。根據最新的資料,每12.5萬個中國觀眾,只有一家電影院,相形之下,略超過8,000個美國人,就有一家電影院。鑑於大部分中國人都在擁擠的家裡看DVD,現代化的影城應該具有強大的吸引力,中國人甚至喜歡吃爆玉米花。

現在中國影院靠著拍攝賣座鉅片的策略起死回生,2006年內,八部超大製作的鉅片占去中國電影預算的70%。比較小製作的電影仍然受惠於進口配額,也受惠於必須播出三分之二國片的規定。電影業起死回生,開始起飛,要歸功於2003年的電影《英雄》。這部史詩般古裝武打影片打破了票房紀錄,改變了大家認為中國電影價值低落的錯誤觀念。此後,影業報酬率每年躍增25%,業者和美國、法國甚至台灣公司簽訂新約,合作製片。獨立製片仍然要經過政府部門嚴格的審查,大製作影片卻比較容易通過審查。隨著政治審查放鬆,中國也變得比較有吸引力,成為外國製片攝製成本低落、氣氛良好的製作地點。

普華永道會計師事務所(Pricewaterhouse Coopers)估計,2010年前,全球娛樂事業每年會成長10%,其中大部分成長由中國創造。你要注意看更多《英雄》,更多用米高梅電影公司(MGM)無法想像的低成本拍出來的佳片。

　　相關公司：華納兄弟公司（Warner Bros.）、國有中國影業集團與民間橫店集團（後面兩家公司都沒有上市）已經合資，創設中國華納電影公司，計畫生產漢語影片。這個合作案最後可能影響時代華納公司（Time Warner）的股價（紐約證交所：TWX；獲利成長94.8%，營收成長5.1%）。中國星集團公司（香港證交所：0326，H股，從虧損3,890萬美元，變為獲利470萬美元，營收衰退7.6%）是漢語影片與電視劇的主力，旗下也有很多藝人。華誼兄弟是私人電影公司，最近的製作相當成功；35%股權由香港商業鉅子李嘉誠旗下比較不出名的TOM集團公司持有（香港證交所：2383，H股；獲利衰退86.2%，營收成長12.1%）。香港嘉禾娛樂事業集團公司（香港證交所：1132，H股；獲利成長150%）在亞洲發行的每一部片子似乎都十分成功，至少每一部主角留著辮子，在群眾當中大展身手的武打片是這樣。

運動

　　該打球了！你知道中國已經新成立了棒球聯盟嗎？中國棒球聯賽和中國兩種最受歡迎、經營也比較成功的籃球與足球聯盟並駕齊驅，籃球聯盟叫做中國男子籃球職業

聯賽，中國職業足球超級聯賽（CPSL）在1994年創立，
十年後，中國超級足球聯賽創立，卻因為打假球弊案的關
係，變得光芒稍減。目前還沒有多少方法可以直接投資
這個部門，只能透過梅鐸（Murdoch）的新聞集團（News
Corp.）旗下泛亞洲的衛視體育台，以及其他西方企業，
從中國驚人的觀眾人數和搭售商品中，得到龐大利潤。但
是過去只注重學術的中國人逐漸變成最重視體育的國家。
我早年遊歷中國時，發現自己是唯一早上慢跑到流汗的
人，而且我經常是繞著比較在定點打太極拳的中國人，一
圈一圈地跑；當時大家也不知道或不贊成滑雪或網球之類
的精英運動；撞球和羽毛球花的精神比較少，使用的空間
也少多了。

　　現在2008年奧運會加速運動的整體商業化與行銷，
落後西方標準的體育基礎設施也會升級。上海最近有一座
世界最大、最先進的網球中心開幕，要用來訓練未來的冠
軍，以及主辦網球名人賽。我們也不要忘了中國的國技乒
乓球！休士頓火箭隊（Houston Rockets）的姚明不會是最
後一位站上全球行銷領域的中國運動巨星；而且前面提到
的中國高爾夫球運動驚人成長，也有助於個人健身器材、
運動用品與運動服裝生產或零售的迅速擴張。中國不再只

是替耐吉（Nike）與愛迪達（Adidas）球鞋縫鞋帶而已，現在中國人也穿起這種運動鞋了。

相關公司：中國第一位、也是最著名的奧運體操金牌選手李寧具有雄心壯志，已經用自己的名字，創設了最著名的本國運動器材與運動鞋品牌。李寧有限公司（香港證交所：2331，H股；獲利成長139.8%，營收成長69.3%）股價每年上漲20%以上，而且產品已經在中國站定腳跟，市場占有率只略低於耐吉，公司還出口產品到中東國家。李寧公司是中國上屆奧運代表隊的贊助廠商兼供應商，在爭取北京奧運贊助權方面，敗給愛迪達，因此李寧公司轉而贊助北京奧運播報人員穿的慢跑裝。安踏（中國）公司是還沒有上市的本地競爭對手，1991年在福建省創立，到2006年，已經在全中國設立4,000家零售店。

信用卡

經過幾年緩慢的推展和發卡公司過多的困擾後，中國逐漸接受信用卡，但是還沒有接受信用本身。在眾多促銷贈品和不收利息的做法刺激下，2006年中國發卡數字已經增加到6,000萬張。對於2004年前，只有少數重要人士拿著信用卡在國際上使用的國家來說，這種情形的確不差。

我還記得，2004年以前，抽出信用卡來用根本是白費功夫。近在2002年，只有2.7%的商家接受信用卡，只有3%的人持卡消費。大部分交易仍然用現金進行，你不帶現金，絕對不能出門。此外，中國也還沒有可靠的網路，不能追蹤信用記錄或防止偽卡與盜刷。

你不會像在美國一樣，聽到很多信用卡公司連貓狗都發卡的故事。申請信用卡的資格仍然相當嚴謹，很多中國的消費者不管是否合格，都不希望跟先購物、後付款扯上關係。中國謹慎的儲蓄文化多少抵消了便利與地位的吸引力。有很高比率的信用卡不是很少使用，就是在開始計息前清償，難怪麥肯錫公司（McKinsey）預測，2009年前，中國銀行的信用卡業務可能無法獲利，但是這項調查也估計，到2013年，銀行的信用卡業務會轉虧為盈，獲利16億美元。隨著效率低落的銀行部門向比較精明的外商銀行開放，爭取客戶的競爭只會升高，信用卡一定會成為銀行提供整合服務的一環。

相關公司：原名中國信用控股公司的特速集團公司（香港證交所：0185，H股；從虧損1,410萬美元，變為獲利1,310萬美元，營收衰退20.7%）提供範圍廣泛的信用卡產品，但是股價卻一直平疲。2002年創立的中國銀聯

還沒有上市，總公司設在上海，經營全國性的銀行信用卡資訊交換網路，也經營中國政府支持的電子平台。招商銀行（上海證交所：600036，A股；香港證交所：3968，H股；OTC：CIHHF，CIHKF；獲利成長107.4%，營收成長58.6%）於1987年創立，總公司設在深圳，可能是中國經營最好的商業銀行，2007年初，該行宣稱擁有1,000萬信用卡客戶，事實上，該行2006年的信用卡貸款金額倍增，申報的獲利激增81%。招商銀行最近推出凱蒂貓信用卡，吸引凱蒂貓迷。

行動電話

　　大家對於拿在手上的另一種科技產品不會這麼遲疑。估計到2006年時，中國行動電話用戶已經達到4.4億人，也就是占人口的三分之一，2007年內，預計還會增加4,800萬人。這樣使中國穩居世界最大的行動通訊國，或許對於總是在行動、又具有集體導向的中國社會來說，行動電話是完美的產品。中國人不光用行動電話談話或發簡訊；還拿來玩遊戲、看廣告和上網，這些服務都比用電腦便宜。中國的生產廠商和服務業者從一開始就面臨外國品牌的競爭，加入世界貿易組織的條約並沒有扼殺外商。

相關公司：中國移動公司（香港證交所：0941，H股；紐約證交所：CHL，ADR；獲利成長58.3%，營收成長53.6%）2000年脫離國有企業成立以來，不太可能出現頹勢。中國移動是世界最大的行動電話業者，2006年時，擁有3億客戶，是中國股市總市值最大的公司，也是亞洲總市值最大的電信股，旗下31家子公司資產合計超過50億美元。第二大的中國聯通公司（香港證交所：0762，H股；紐約證交所：CHU，ADR；獲利從0增為13.7萬美元，營收成長19.2%）2006年出現龐大虧損，原因是償還債券本息，但是各種業務指標仍然很強勁。

有線電視

我每次住進中國旅館時，另一個讓我震驚的現象是：在理當受到壓抑與嚴格管制的有線電視領域中，居然有這麼多頻道可以選擇。英國廣播公司要是播出跟西藏有關的不正確報導時，可能突然會完全沒有信號，但是大部分的葡萄牙語、法語、阿拉伯語與瑞典語節目都可以自由自在地播出。到2006年底，中國擁有電視機的3.68億戶家庭中，有線電視訂戶達到1.39億戶，大型國際公司如衛星電視（STAR）與家庭電影院（HBO）正在中國銷售節目內容版

權，而且預期收視率很快會大幅提高。但是數位有線電視所占的比率不到2%，主管所有主要有線電視網路的國家廣播電影電視總局已經決心徹底換機，預計到2015年，數位市場的規模至少達640億美元，遠超過2005年的51.3億美元。

　　相關公司：上海東方明珠（集團）公司（上證：600832，A股；獲利成長12.6%，營收成長40.1%）占有29%的上海有線電視市場，擁有400萬訂戶，另外還擁有一座電視塔和一座會議中心。北京歌華有線電視網絡公司（上證：600037，A股；獲利成長112.2%，營收成長41.7%）計畫在2008年前，把北京的所有電纜數位化，但是若干分析師說這個計畫不切實際，總之，歌華2006年第四季的純益成長62.18%。中國有線通信公司（OTC：CCCI）是中國成長最快的有線電視公司，也是這個領域中的第一家外商公司。深圳天威視訊公司也沒有上市，是中國的第一家有線電視公司，目前的高速網際網路與隨選影視服務業務獲利豐厚。

出版

　　每次漫步在中國城市的街頭，都會看到更令人驚訝的

傳播媒體發展，極多的報紙和雜誌把報攤——經常只是擺
在人多的街口的桌子——壓得往下陷。書店裡頭也擺滿了
一冊又一冊的書。

　　從編輯的角度來看，中國新聞與出版業說不上自由，
但是管制的確已經放寬。毫無疑問的，中國媒體很注重自
我審查，連倫敦《金融時報》或路透社（Reuters）之類的
外國新聞機構，和中國企業成立合資事業架設中文網站時
都是這樣。有些題材在中國根本不能碰，大部分公司乾脆
完全避開。同時，在沒有經過授權的情況下，若干西方暢
銷書仍然被人公然翻譯、改編、改寫，再以「地下」出版
的方式流通。

　　1993到2003年間，書籍出版營收成長四倍，2005年
內，572家官方出版商大約出版22萬種書。雖然新聞出版
總署全力協助政府加強管制印刷出版品，大量黑色與灰
色的出版品仍然繼續成長，產品包括雜誌、國家控制的報
紙、公然剽竊美國暢銷書的作品，以及上千上萬種本地版
《如何快速致富》之類的書籍。連國營出版公司都公開出
售政府允許新書與期刊出版的書號，行情是每本書6,500
美元，期刊加倍。

　　政府的審查無法阻止大家創立幾百種跟生活形態有

關的雜誌，也無法阻止報紙發行量與廣告收入的增加。如果政策放寬，或是精疲力盡的政府檢查人員根本趕不上步調，你就要注意中國可能出現的報業鉅子與雜誌業鉅子，雜誌連鎖鉅擘會讓中國人多閱讀、少算命。

相關公司：出版業股票可能跟公司的政治立場一樣深藏不露。上海新華傳媒公司（上證：600825，A股）是上海新聞事業龍頭，由《解放日報》報業集團控制（其母公司為華聯超市公司；獲利衰退54.9%，營收衰退38.9%）。名字類似的新華財經傳媒公司（那斯達克：XFML，ADR；從虧損125萬美元，變為獲利334萬美元，營收成長146.43倍）2007年3月在美國初次公開發行後，起初有點搖搖欲墜，這家公司是由布希女士（Fredy Bush）創設的，布希女士是離婚的摩門教徒，20多年前來到亞洲。同樣的，中國最大的報紙以及在全國發行很多相關出版品的《人民日報》，也創設了華聞媒體投資公司（深證：000793，A股；獲利衰退22.4%，營收成長71.2%），但主要業務已經和海南民生燃氣（集團）公司合併。M傳媒集團屬於未上市的晨興集團，是1986年由香港的陳姓家族創立，旗下擁有《富比世》、《哈佛商業評論》等雜誌的中文版發行權。

零售與時尚業

我們要從開始的地方結束我們的評估，最後我要談到最現代化的消費活動——購物。2006年內，中國美妙的零售天地銷售總額成長12到13%，預測2007年會成長4%，到2010年，零售銷售總額應該會達到9,630億美元，這個數字沒有印錯。

我已經提到展售外國與國際品牌的超大購物中心，和當年只有黑色或藍色棉布外套可以選擇的時代相比，已經是極大的進步。中國現在以生產世界大部分牛仔服飾與紡織品聞名，也已經在休閒服飾領域中，建立起一些相當強大的品牌，將來高級服飾天地中，中國品牌也會逐漸增加，請注意本土培養的設計師新秀會追隨華僑設計師如譚燕玉、王薇薇和上海灘公司鄧永鏘的腳步，推廣傳統的中國服飾。

談到食品零售，中國的食品市場成長已經為超級市場業帶來最好的結果，有一些令人驚歎的數字值得停下來了解一下：1990年代開始時，中國只有一家零售商稱得上是完整的超級市場，到2003年，已經增加到6萬家，銷售額達到710億美元，這樣只是小小的成長而已。我記得

1984年時，有很多人興奮地邀請我到他們家去，十分熱心地要我看看他們得到的一些新家電，現在90%的中國人已經擁有某種形式的冰箱，過去每天上菜市場買生鮮食物的舊習慣註定會沒落。

外國零售鉅擘擁有本地業者難以企及的供應鏈管理技術，在限制放寬後，立刻進入中國市場，法國家樂福集團已經開設超過130家綜合倉庫型賣場。美國的零售龍頭沃爾瑪剛剛進入中國時步履蹣跚，現在卻靠著兩項高明的行動迎頭趕上：一是放棄反對工會的立場，接受政府支持的工會組織，贏得官方的善意；二是吃下已經站定腳跟的連鎖賣場，迅速提高規模與成本效益，卻不必應付太多官僚的繁文縟節。2007年初，沃爾瑪大膽投下10億美元，買下台資的好又多公司，增加超過100處新賣場，賣場數量立刻超過家樂福。來自英國的特易購集團（Tesco）也買下另一家規模比較小的台資公司──樂購商業流通集團50%的股權。

但是我在本書前面提到的中國本土流通業者聯華集團，會隨著道路與基本設施繼續改善，流通網路與連鎖商店擴張到更偏遠的地區，而繼續成長。想像中國內地每一個村子都有一家聯華的「快客」便利商店時，銷售數字

會有多高。因為80%的現代超級市場都設在華東的海岸城市，商務部已經擬定計畫，要在偏遠地區增設迷你購物中心與大型賣場。

相關公司：北京的百貨公司業者百盛商業集團（香港證交所：3368，H股；OTC：PKSGF；獲利成長216.9%，營收成長158.9%），根據最新的資料，百盛擁有37家自營百貨公司，同時在中國各地，管理其他百貨公司——預測2006年內，這部分的盈餘會成長93%。百盛的母公司是馬來西亞金獅多元控股公司（吉隆坡證交所：2887；獲利成長26.3%，營收成長347.1%），金獅利用公司在中國的關係，創造出相當高的成長。國美電器控股（香港證交所：0493，H股；獲利成長62.4%，營收成長154.5%）是中國最大的電子產品連鎖店，據稱，這家公司使公司總裁黃光裕在37歲時，變成中國首富，估計擁有23億美元的財產。2007年，黃光裕宣布，要和美國的支持者貝爾斯登公司（Bear Stearns）合作，創設金額5億美元的基金，在需要資本與改善管理的整個中國各地，投資中型零售公司。

美特斯邦威集團是真正在本土創造的時裝業奇蹟，公司還沒有公開上市，是中國主要的服飾品牌之一，在

全國各地設有1,800家服飾賣場，生產、設計與行銷都在公司內一手包辦。其他主打休閒服飾的大型零售商包括香港佐丹奴國際公司（香港證交所：0709，H股；獲利衰退47.8%，營收成長9.2%），在30個國家已經展店到1,700家，包括在中國的728家。另一家是堡獅龍國際公司（香港證交所：0592，H股；獲利衰退11%，營收成長21.3%），雖然掛著義大利名字，市場卻在香港和中國大陸。中國的企業套裝市場每年成長8%，一點也不讓人訝異。寧波的雅戈爾集團公司（上證：600177，A股；獲利成長35.3%，營收成長41.4%）也供應襯衫。

　　另有兩家本地零售商規模更大，一家是北京華聯綜合超市公司（上證：600361，A股；獲利成長28.8%，營收成長26.1%），另一家是聯華超市公司（香港證交所：0980，H股；獲利成長9.7%，營收成長51.5%），前面提過這家公司擴張迅速。到2006年底，聯華共雇用4.7萬名左右的員工。上海友誼集團公司（上證：600827，A股；900923，B股；獲利成長69.2%，營收成長51.8%）在華東地區已經悄悄地衝刺到超過3,000家店面。銀泰百貨和新世界兩家連鎖百貨公司準備到香港初次公開發行。

貨幣

很多人一直認為，持有人民幣可能是搭中國成長順風車相當安全的妥當方法。2006年，人民幣緊盯美元的關係終於脫鉤後，每天可以在0.5%的波動幅度內起伏，大部分人認為波動幅度會提高，在可預見的將來，每年至少會逐漸升值4%。我的看法更進一步，我認為，未來20年內，人民幣對債台高築的美元上漲300%到500%很合理。

中國人希望穩定的金融環境嗎？希望矯正國際貿易失衡與超多的外國投機資本嗎？願意讓外匯存底和銀行業痛遭打擊嗎？願意屈從政治與金融壓力，屈從中國貿易夥伴與國民的壓力，繼續累積外匯，不願意讓出口成本和國民的全球購買力提升嗎？如果你了解中國人，一定會說中國人會盡力走中庸之道，中國政府不太可能希望人民幣急劇上漲或下跌，卻不採取行動。但是大家聚焦北京奧運，一定會促使政府，盡量放寬人民幣的自由兌換。

到了將來的某一個時刻，人民幣可以充分自由兌換時，湧入中國的數兆美元資金獲利撤出時，可能暫時傷害人民幣的幣值。然而，在日本建立製造業基礎時投資日圓

的人，享受了幾十年日圓對美元上漲的利益，甚至沒有人記得日圓搖搖欲墜時的情形。我相當肯定人民幣也會這樣，人民幣會變得相當重要，變成跟中國這個國家本身一樣重要的貨幣，或許有一天，還會變成決定世界標準的貨幣。

　　相關公司：透過光大銀行和很多國際銀行，可以辦理人民幣存款，購買人民幣債券。

商品

　　請參考拙作《羅傑斯教你投資熱門商品》或羅傑斯國際商品指數（Rogers International Commodity Index），研究追蹤中國金屬、能源與穀物需求增加的統計數字。

　　寫到這裡，我已經走到這次中國之旅的終點，我好比奉派到前方偵查、希望比大家略微領先一點的人一樣，已經盡量說明前面的地形。今天寫跟中國有關的書，不免讓人覺得自己像是現代版的西西佛斯（Sisyphus），像這位希臘神話中的人物一樣，被罰不斷地推著大石頭，上同一座山。整個經營階層、整個企業界、整個國家社會和基礎建設都快速融合。你一旦走到終點，一切的一切就得重來一

遍，修正不能配合日常交易、併購、上市、創新、政策改革與盈餘宣布的所有資訊。不過反過來說，必須迅速更新只是進一步證實整個題材才剛剛開始，還在加速前進。

　　我相信中國不會失敗，也不會衰退。但是現在要換你思考自己中國之旅最好的路線，思考長期參與最好的方法。我相信我已經指點出方向和道路，讓你前往充滿各種機會的國度。就像我第一次看到上海忙碌的碼頭、第一次看到長城讓人內心震動的箭樓時一樣，或許你會問自己：「為什麼我這麼晚才來這裡？」

附錄

　　我們的移民祖先曾經聽說，美國的街道上鋪滿寶石；諷刺的是，中國人把三藩市叫做舊金山。雖然我說明了所有美好的前景，中國的街道其實不是鋪滿珍寶，有些街道根本還沒有鋪柏油，垃圾比寶物還多。而且不管你是在上海或威斯康辛州的西貝根（Sheboygan），是在加州的矽谷還是北京的秀水街，都不重要，即使你想靠著對你來說比較困難的手工賺錢，也一樣很難。我要再說一次，本書裡介紹的公司不是我推薦的明牌，只是可能的起點。

　　如果說，我告訴過你很多跟趨勢與股價上升有關的資訊，那麼你更應該擔心買到已經上漲的東西，你必須謹慎地查核，就像其他大師和我說過的一樣，幸運之神會照顧做好準備的人。

　　不論中國股票在你的投資組合中所占的比率是輕是

重，不論你的儲蓄策略是否由你的財務和生活狀況而定，或許你希望堅持投資中國需求很多的商品，或是間接投資在中國營運的國際公司。

為了幫助你更上一層樓，我收集了一些有關中國上市公司、券商與中國相關基金最好的網站，這些網路資源會提供你最新、最可靠的資料。談到看來最健全、最有吸引力的特定類股或公司時，你必須靠著個人的了解、分析與經驗，作為指路明燈。就像我說的一樣，你要自己做研究，挑選你喜歡的公司買進，不然就枯坐在家裡看看電視好了。

反正中國不會等你的。

中國所有股票

中國股票目錄：

www.chinaeconomicreview.com/

中國證券市場網頁：

www.hkex.com.hk/csm/search.asp?LangCode=en&location=

上海A股

www.chinaknowledge.com/financial/shanghai-A-shares.aspx

或者 www.sse.com.cn

上海B股（對外國投資人開放）

www.sse.com.cn/sseportal/en_us/ps/bshare/lccl.shtml

香港H股

主　板：www.hkex.com.hk/tradinfo/stockcode/eisdeqty.htm

GEM創業板（成長企業市場）：

gem.ednews.hk/company/e_default.htm

SOE指數（恆生中國企業指數）：

www.hsi.com.hk/family/hscei_e.html

紅籌股指數（恆生中國公司指數）：

www.hsi.com.hk/family/hscci_e.html

紐約證交所、那斯達克與OTC

在美國與加拿大交易的中國股票：

www.ChineseWorldNet.com

有關中國公司：

www.wstock.net/wstock/us_cn.htm

新加坡證交所，S股

主板：www.sgx.com

在新加坡證交所上市的中國公司：

www.sgx.com/chinese/listed_companies/

listed_market_summary.shtml

倫敦證交所L股

倫敦證交所：www.londonstockexchange.com/en-gb/

以中國為基礎的美國共同基金與指數股票型基金

彭博共同基金中心——中國：

www.bloomberg.com

www.bloomberg.com/apps/data?Sector=779&pid=invest_

mutualfunds&ListBy=YTD&Term=1&x=18&y=6

彭博ETF中心（與中國有關的在亞洲／太平洋項目下）：

www.bloomberg.com/markets/etfs/etf_as.html

合資基金管理公司

完整名單由中國證監會提供：

www.csrc.gov.cn

BIG叢書 ⑱
中國很牛：Money都講普通話

作　　　者—吉姆‧羅傑斯
譯　　　者—王柏鴻
責任編輯—吳瑞淑
協力編輯—黃雅芸
美術編輯—許立人
行銷企畫—黃少璋
副總編輯—陳旭華
董 事 長　—孫思照
發 行 人
總 經 理—莫昭平
總 編 輯—林馨琴
出 版 者—時報文化出版企業股份有限公司
　　　　　10803台北市和平西路三段二四○號四樓
　　　　　發行專線—（○二）二三○六—六八四二
　　　　　讀者服務專線—○八○○—二三一一七○五‧（○二）二三○四—七一○三
　　　　　讀者服務傳真—（○二）二三○四—六八五八
　　　　　郵撥—一九三四四七二四　時報文化出版公司
　　　　　信箱—台北郵政七九～九九信箱
時報悅讀網—http://www.readingtimes.com.tw
法律顧問—理律法律事務所　陳長文律師、李念祖律師
印　　　刷—盈昌印刷有限公司
初版一刷—二○○八年三月三十一日
定　　　價—新台幣三四○元

ISBN 978-957-13-4821-6
Printed in Taiwan

國家圖書館出版品預行編目資料

中國很牛 / 吉姆‧羅傑斯（Jim Rogers）作；
王柏鴻譯. -- 初版. -- 臺北市：時報文化，
2008.04
　　面；　公分 . --（BIG叢書；183）
譯自：A bull in China：investing profitably in the
world's greatest maket
ISBN 978-957-13-4821-6（平裝）

1.投資　2.證券投資　3.中國

563.52　　　　　　　　　　　　　　　97004766